innenwelt verlag

Haftungsausschluss:

Die im Buch veröffentlichten Ratschläge und Übungen wurden von der Verfasserin und dem Verlag mit größter Sorgfalt erarbeitet und geprüft. Eine Garantie und Haftung kann jedoch nicht übernommen werden. Die Durchführung der im Buch enthaltenen Übungen erfolgt in Selbstverantwortung.

Privatsphäre:

Die Namen und die Geschichten der Personen, die als Fallbeispiele dienen, sind so abgewandelt, dass die Privatsphäre der Betreffenden unangetastet bleibt.

1. Auflage 2023

Umschlaggestaltung: Guter Punkt, München unter Verwendung eines Motivs von © Angelina Bambina / iStock / Getty Images Plus

www.innenwelt-verlag.de

CPI books, Leck

Printed in Germany

ISBN 978-3-947508-64-8

KATRIN JONAS

DER INNERE BODYGUARD

SELBSTSCHUTZ ALS SCHLÜSSEL ZUR SELBSTHILFE

Inhalt

Einleitung 8

Innerer und äußerer Selbstschutz: Die Roadmap zu einem organischen Körperverständnis 8

1. Das innere Bodyguardsystem des Körpers und sein Wirken 11

Den inneren Selbstschutz als Survivalguide des Organismus verstehen 11

Die Folgen der Stress- und Traumareflexe erkennen 40

2. Vom Reflex zur Reflexion: Die Auflösung der inneren Selbstschutzmechanismen 70

Dem „Primären Selbstschutzfaktor" folgen und die ersten drei „Selbstschutzschritte" setzen 70

Das Körperbewusstsein vertiefen und die drei „somatischen Lichtblickmittel" nutzen 97

Das Unterbewusstsein mittels Dehypnose und Meditation klären 114

3. Der äußere Selbstschutz und ein somatisch gesundes Leben 138

Achtsamkeit als äußeren Bodyguard etablieren und den „Selbstschutz-TÜV" bestehen 138

Sich in der Selbst-Sicherheit behütet fühlen 164

Literaturverzeichnis 175

Unser empfindsamer Körper

Wenn wir unseren Körper ins Verhältnis zur Dimension und Kraft unseres Lebensraums, der Natur oder sogar des ganzen Kosmos setzen, muss er uns wie eine Miniatur vorkommen. Und vor allem wird uns seine Zartheit bewusst. Der sensible Stoff, aus dem er gemacht ist, seine dünne Haut, seine weichen Organe, die tofuähnliche Hirnmasse und sein fühlendes Herz sind Ausdruck seiner Fragilität. Da er im Laufe der Evolution sogar sein beschützendes Fell abgelegt hat, ist er seiner Umgebung ausgelieferter, als es der Körper eines Lebewesens jemals zuvor war.

Darüber hinaus ist auch die menschliche Motorik begrenzt. Wir können nicht wie die Vögel davonfliegen oder wie die Wale, Delphine und Reptilien einfach abtauchen. Und mit unserer Fähigkeit zur Selbstverteidigung sieht es auch nicht rosiger aus. Wir haben keine scharfen Krallen, weder gefährliche Reißzähne noch Gift speiende Drüsen, die unsere Unversehrtheit sichern.

Wie es sich in der Evolution auch immer zugetragen hat: Der menschliche Organismus ist der feinste, der je geboren wurde. Und das bringt mit sich, dass er verwundbar ist und Schutz braucht.

Einleitung

Innerer und äußerer Selbstschutz: Die Roadmap zu einem organischen Körperverständnis

Es ist kein Zufall, dass die Natur unseren Organismus mit so viel Zartheit ausgestattet hat. Das hängt damit zusammen, dass der Homo Sapiens in der Entwicklung ein paar Stufen auf einmal genommen hat und in ihm ein Bewusstsein wohnt. Dieses braucht offenbar eine durchlässigere Hülle als unsere dickfelligen Vorfahren, sodass es eingehüllt in die Schichten des Körpers wachsen und durch diese hindurchscheinen kann.

Doch damit unser Organismus dabei auch genug Schutz erfährt, ist der Natur ein Geniestreich geglückt: Sie hat in uns ein Sicherheitssystem installiert und die Funktionsweise des Zentralen Nervensystems so eingerichtet, dass es wie ein hochspezialisierter Bodyguard wirkt. Dieser filtert alle Gefahren im Außen heraus und entwirft daraufhin die exakt passende Sicherheitsstrategie. Die damit verbundenen Reaktionen, wie der Stress- oder der Traumareflex, bilden unseren somatischen Survivalguide und helfen uns, in Gefahren- und Stresssituationen bestmöglich behütet zu sein.

Doch so hilfreich diese Schutzreflexe in Stress- oder Gefahrensituationen für uns sind, so viele Probleme können sie bereiten, wenn sie bleiben. Wie Neuro- und Traumaforscher herausstellen, ziehen sie sich nämlich nicht immer automatisch zurück, wenn die Gefahr verebbt ist. Sie hinterlassen

Spuren und führen zu Ungleichgewichten im Organismus, die nicht nur sein natürliches Funktionieren hemmen, sondern die Ursache von vielen gesundheitlichen und für unsere Zeit typischen Symptome sind. Also hat dieser gutgemeinte Selbstschutz auch eine Kehrseite. Und deshalb ist es wichtig, dass wir den Ist-Zustand unserer inneren Schutzmechanismen kennen und aktualisieren – und gleichzeitig unseren äußeren Selbstschutz im Blick behalten.

Wenn wir diese beiden Aspekte, den inneren und den äußeren Selbstschutz, verstehen und leben, übernehmen wir einen großen Teil der Bodyguard-Leistungen sogar selbst. Und das kommt unserer Gesundheit immens zugute:

1. Indem wir erkennen, dass die Selbstschutzreflexe die Ursache zahlreicher gesundheitlicher Probleme sind, wird uns klar, warum sich viele von ihnen durch die Anwendung herkömmlicher Methoden nicht zurückziehen. Allein diese Erkenntnis kann eine Riesenüberraschung für Menschen mit Langzeitsymptomen sein.

2. Indem wir erfahren, welche somatisch klugen Schritte wir setzen können, damit sich die Schutzreflexe zurückziehen, gehen wir mit unserer Selbstregulation Hand in Hand. Körperliche, emotionale und seelische Symptome dürfen heilen, und das versetzt uns einen Wohlfühlbooster ohnegleichen.

3. Indem wir sehen, welche Lebensweise und persönlichen Prioritäten unseren Selbstschutz stärken, tragen wir dazu bei, dass sich keine neuen Schutzreflexe manifestieren. So

können wir uns inmitten einer unkontrollierbaren Welt dennoch wohl und gut behütet fühlen.

In diesem Buch entblättere ich, welches somatische Wissen wir beim Umgang mit Stress- und Traumareflexen benötigen und woran wir uns dabei orientieren können. Gehen wir's an!

1

Das innere Bodyguardsystem des Körpers und sein Wirken

Den inneren Selbstschutz als Survivalguide des Organismus verstehen

Wann immer ich mir die Dienstleistungen unseres inneren Selbstschutzsystems etwas genauer ansehe, beginne ich sofort, den menschlichen Körper zu bewundern. Mich erfasst eine Ehrfurcht davor, mit welcher Weisheit die Natur uns Menschen erschaffen hat.

Erstmalig kam ich mit dem Thema des inneren Selbstschutzes in den neunziger Jahren in Kontakt, als ich meine Ausbildung zur Feldenkraislehrerin absolvierte. Bis dahin hatte ich von Schutzreflexen, die sich in unserem Organismus einnisten können, noch nie etwas gehört, obwohl ich damals mein berufliches Zuhause bereits auf dem Gebiet der Körper-Mind-Integration und des Körperbewusstseins gefunden hatte. Ich erfuhr, dass der Physiker Dr. Moshe Feldenkrais bereits Jahrzehnte zuvor auf solche Schutzmechanismen in seiner praktischen Arbeit mit der Feldenkraismethode eingegangen war. Danach verschlang ich die Bücher des kanadischen Arztes Dr. Thomas Hanna, der Begründer von *Hanna Somatics*, in denen er die Konsequenzen der Schutzreflexe für das neuromuskuläre System und die Sensomotorik beschrieb. Und ich werde die vielen Aha-Momente nicht vergessen, als ich dieses Verständnis sowohl in meinem eigenen Körper als auch später im Zuge meiner therapeutisch-coachenden Arbeit bei anderen Menschen wiederfand.

Gleichzeitig sah ich, dass dieses Wissen über die Selbstschutzmechanismen in der Medizin- und Therapielandschaft damals so gut wie keine Rolle spielte. Weil es sich nur bis in ein paar alternative Nischen vorgearbeitet hatte und somit Insiderwissen blieb, wurde es so vielen Menschen mit gesundheitlichen, emotionalen und seelischen Problemen vorenthalten. Diese steckten in Therapiekreisläufen fest, schluckten unnötigerweise Medikamente, unterzogen sich überflüssigen Operationen und verpassten so ihre Chance auf ein gesundes Leben. Der symptomorientierte Ansatz in Therapie und Heilung war so übermächtig, dass es in diesem keine Schlupfwinkel für die Beobachtungen der Somatiker und Body-Mind-Mediziner zu den Schutzmechanismen gab.

Die somatische Forschung und inneres Lernen

Doch glücklicherweise ist das Thema des Selbstschutzes in den letzten fünfundzwanzig Jahren nahezu revolutioniert worden. Immer wieder bahnten sich mutige, kluge Visionäre und Pioniere den Weg in die Öffentlichkeit, die durch ihre medizinische, heilende oder wissenschaftliche Arbeit neue Wege aufzeigten. Wissenschaftler, Hirnforscher, Mediziner und Fachautoren brachten das verborgene Wissen über das natürliche Funktionieren des menschlichen Organismus nachdrücklicher in die öffentliche Diskussion, sodass es immer mehr Menschen zugänglich wurde. Und weil das seit einigen Jahren auch die Neurowissenschaft mit bildgebenden Verfahren in Bezug auf die Beeinflussbarkeit der Hirnfunktionen unterstützt, verfügen wir heute über ein viel größeres Verständnis darüber, wie unser Organismus sich in Stress- und Gefahrensituation organisiert und welche gesundheitlichen Konsequenzen das für uns hat. Das Internet läuft über mit Informationen zur Funktion des reflektorischen Selbstschutzes des Körpers.

Und diese Entwicklung spricht mir aus dem Herzen, weil sie bei meiner praktischen Arbeit auf dem Gebiet des Körperbewusstseins, die ich mit dem Begriff *BodyWareness* überschreibe, und meinen langjährigen Erfahrungen in der somatischen Integration, der Hypnose und der körperorientierten Meditation Hand in Hand geht. Mit der Kraft des Körperbewusstseins helfe ich Klienten und Workshopteilnehmern, die in den verschiedensten Ländern dieser Welt zu Hause sind, die Signale und Symptome ihres Körpers zu verstehen, einzuordnen und zum Auflösen einzuladen.

Mich fasziniert die Aussicht, dass wir Menschen mit unserer Innenwelt im Einklang leben können, wenn wir ihr nur mit einem Funken Bewusstsein begegnen. Und so begrüße ich alles, was den modernen Menschen sich selbst besser fühlen und verstehen lässt, ihm beim Bewältigen der täglichen Herausforderungen und im Umgang mit körperlichen Beschwerden und emotionalen Unstimmigkeiten hilft.

In Sachen Selbstschutzreflexe möchte ich, dass so viele Menschen wie möglich ihren eigenen Organismus begreifen lernen, sich im Umgang mit ihm sicher fühlen und „somatisch selbstkompetent" werden, wie ich gern sage.

Tatsächlich ist eine neue Ära angebrochen, eine, in der wir

Menschen mit unserem Nervensystem, welches unseren Organismus instruiert, eine nie dagewesene Intimität erleben dürfen und den Zugang zu einem neuen Körperverständnis finden.

Und genau das ist ja auch nötig! Wenn wir in dieser unruhigen, bebenden Welt seelisch und körperlich gesund bleiben wollen, hat unser Organismus ziemlich viele Herausforderungen zu meistern. Indem abertausende Impulse täglich auf ihn einstürmen, muss er diese ja auch verdauen und ausbalancieren können.

Darüber hinaus steht der Mensch wie auf unsicherem Boden, weil sich persönliche und gesellschaftliche Gefüge verschieben, sicher Geglaubtes sich auflöst und Wertigkeiten neu definiert werden müssen. Und dabei nimmt der allgemeine Stressfaktor zu.

Deutlich wird: Wir haben uns tatsächlich um uns selbst zu kümmern, wenn wir heil sein und gesund bleiben wollen, und das schließt den Umgang mit dem Thema des inneren und äußeren Selbstschutzes ein. Doch weil die Beschäftigung mit dem Thema Selbstschutz für viele Menschen immer noch so etwas wie das Betreten von Neuland darstellt und der Bedarf nach real umsetzbaren Schritten und Maßnahmen groß ist, stelle ich hier meine beruflichen Erfahrungen aus über 25 Jahren somatischer Praxis zur Verfügung und wünsche mir, dass die Inhalte dieses Buches zu einer wertvollen Gesundheitsressource für so viele Menschen wie möglich werden.

Tasten wir uns zuerst an das Thema des inneren Selbstschutzes heran.

Die Grundlagen des inneren Selbstschutzes

Da ich mich im Folgenden grundsätzlich an der menschlichen Neurophysiologie orientiere, gehe ich hier davon aus, dass die Aufgabe des Zentralen Nervensystems mit seinem Chef, dem Gehirn, darin besteht, das Funktionieren unseres Organismus zu überwachen, zu sichern und aufrechtzuerhalten. Und von dort stammen auch verschiedenartigste Reflexmechanismen, mit denen unser Körper ausgestattet worden ist. Dabei unterscheidet man die unbedingten von den bedingten Reflexen.

Zu den unbedingten Schutzreflexen zählen beispielsweise die frühkindlichen Reflexe, die größtenteils nur bis in die ersten Lebensmonate aktiv sind. Diese sorgen für die Sicherheit des Fötus im Mutterleib, des Neugeborenen oder des kleinen Kindes und ziehen sich mit der zunehmenden Gehirnentwicklung wieder zurück, weil sie überflüssig geworden sind. Zu den frühkindlichen Reflexen gehören der Klammer-, Greif-, Such-, Schwimm-, Babinski-, Landau- und der Saug-Schluck-Reflex.

Außerdem gibt es die große Gruppe der Fremdreflexe, die unseren Organismus vor äußeren Gefahren schützen. Und diese kennen wir alle: Wenn unsere Hand eine heiße Herdplatte oder einen Rosendorn berührt, ziehen wir sie sofort weg. Oder wir verscheuchen eine Mücke, noch bevor sie uns sticht, krümmen den Fuß, wenn wir am Strand auf einen Seeigel treten, ziehen die Zungenspitze ein, wenn der Kaffee zu heiß ist, und werfen die Hände über den Kopf, wenn etwas auf uns herabzufallen droht. Der Lidschlussreflex setzt ein, wenn uns ein Insekt oder ein Sandkorn ins Auge fliegt, und der Nies- oder Hustenreflex lässt uns so lange niesen und räuspern, bis die Fremdpartikel aus unseren

Atemwegen verschwunden sind. Das heißt, dass ein bestimmter Reiz von außen zur entsprechenden Reaktion führt und unser Organismus vor dessen Einwirkung sicher ist. Und das unterscheidet die unbedingten von den bedingten Schutzreflexen. Bei den bedingten wird das Gehirn in den Reflexbogen einbezogen, sodass eine komplexere Reizantwort entsteht.

Innerhalb dieser bedingten Selbstschutzmechanismen verhält sich unser Zentrales Nervensystem immer noch wie das unserer Vorfahren, für die es überlebensnotwendig war, Bedrohliches möglichst früh zu erkennen und abzuwehren, und leitet deshalb diese alten Überlebensreflexe mit den dazugehörigen Reaktionsschleifen ein. Das heißt, dass unsere Sinnesfunktionen darauf spezialisiert sind, Gefahren im Außen herauszufiltern, das Gehirn über diese zu informieren und damit zu veranlassen, dass es im Interesse unseres Selbstschutzes reflektorisch tätig wird.

Doch weil das Gehirn in den Reflexbogen einbezogen wird, hängt die Reaktion auch davon ab, wie die innere Bodyguardfunktion die Art und Stärke der Gefahr einordnet und bewertet. Und dabei spielt es eine Rolle, wie viel Erfahrung das Zentrale Nervensystem mit Stress und lebensbedrohlichen Umständen hat und für wie gefährdet und beschützenswert es deshalb den individuellen Menschen hält.

Denn: Dieser innere Bodyguard ist nicht jedes Mal aufs Neue überrascht. Das ist er nicht, weil er ein ziemlich smarter Experte ist und lernt. Das heißt, dass unser Gehirn alle Erfahrungen mit Stress und Gefahr registriert, verarbeitet und auf dessen Grundlage unseren persönlichen Sicherheitsstatus erstellt. Je nachdem, wie dieser ausfällt, hält es sich reaktionsbereit und lässt die inneren Alarmglocken schellen, sobald es bestimmte Situationen auch zukünftig als Bedrohung erkennt.

Wenn ein Mensch also viele verschiedene Erfahrungen macht, die Gefahr, Herausforderung oder Spitzenstress beinhalten, spielt das seinem hauseigenen Sicherheitssystem immer wieder neue Informationen zu. So entsteht ein ganzer Erfahrungskatalog an Auslösern, Stressoren oder sogenannten „Triggerpunkten", für den es spezielle Schutzmaßnahmen einsatzbereit hält. Wie ein Computer bekommt auch unser persönlicher Sicherheitsstatus im Gehirn regelmäßige Updates, damit es seine Schutzfunktion beim nächsten Mal noch besser wahrnehmen kann.

Die Natur hat uns also ein inneres Hilfssystem zur Verfügung gestellt, das tatsächlich mit einem hochspezialisierten Bodyguard vergleichbar ist, nur dass dieses „undercover" operiert.

Das Reich des Unterbewusstseins und die 90-10-Ratio

Die Sache ist, dass diese installierten Schutzmechanismen für uns nicht offensichtlich sind. Das ist so, weil sie sich im Unterbewusstsein abspielen. Obwohl der Begriff „Unterbewusstsein" einen immer größeren Eingang in den allgemeinen Wortschatz findet, möchte ich dennoch kurz auf dessen Bedeutung eingehen, weil dies für das Verständnis der Schutzreflexe wichtig ist.

Tatsächlich gibt es Tausende Vorgänge und Prozesse, die in unserem Organismus in jedem Moment parallel und aufeinander abgestimmt ablaufen, damit er wie ein Uhrwerk funktioniert. Doch von diesen Vorgängen gehen nur die wenigsten in unser Bewusstsein ein. Dazu zählen beispielsweise die Abläufe im neuromuskulären System, die jede unserer großen, kleinen oder feineren Bewegungen organisieren, die Aktivität der Organe, die Atmung, das Herz-Kreislauf-System, die Verdauung oder der Stoffwechsel, und ganz zu schweigen von den komplexen Vorgängen im Immunsystem oder im Gehirn. Es bleibt uns komplett verborgen, wie diese entstehen, wie sie aufeinander abgestimmt werden und miteinander verflochten sind. Und das ist gewissermaßen gut so. Ich glaube, es wäre ein einziges Chaos, wenn wir diese Vorgänge allesamt bewusst aufrechterhalten und koordinieren müssten.

Darüber hinaus sitzen im Unterbewusstsein auch alle Gewohnheiten, Meinungen, Werte, Glaubenssätze und Regeln – ja alles, was wir je erlernt, als Wahrheit oder Tatsache verinnerlicht und zu unserem eigenen Wissen gemacht haben. Und auch die Organisation der Schutzreflexe spielt sich im Unterbewusstsein ab.

Für das Ausmaß dieser unbewusst ablaufenden Prozesse bekommen wir dann ein Gefühl, wenn wir uns vor Augen halten, dass uns Experten fürs Unterbewusstsein zufolge nur etwa 10 Prozent der Vorgänge in unserem Organismus bewusst werden. Das heißt, dass uns ganze 90 Prozent intern ablaufender Vorgänge verborgen bleiben. Es ist also durchaus gerechtfertigt, wenn ich hier davon ausgehe, dass unser Organismus zum überwiegenden Teil vom Unterbewusstsein gesteuert wird. Und unter diese 90 Prozent fällt auch die Aktivität unserer Schutzmechanismen. Tatsächlich haben wir keine wirkliche Ahnung davon, wie, warum und wann das Nervensystem diese einleitet, welche Indikatoren es als Gefahr einstuft und was darüber entscheidet, wie massiv diese Mechanismen sind.

Unterbewusste Prozesse verstehen lernen

Genau hier hake ich mich ein. Tatsächlich ist es möglich, wesentlich mehr Informationen über diese Schutzvorgänge zu erhalten, als wir im Allgemeinen annehmen. Die Zeit ist reif dafür, dass wir Menschen in den Besitz eines solchen inneren Wissens kommen und die Signale, Folgen und Konsequenzen der Schutzmechanismen für unseren Organismus entschlüsseln lernen.

Tatsächlich habe ich vor, hier eine höhere Stufe der somatischen Selbstkompetenz zu betreten. Wenn das Unterbewusstsein unseren Organismus tatsächlich zu 90 Prozent dirigiert, liegt es doch nahe, dass wir uns damit befassen, wie es funktioniert und wie wir es unterstützen, entlasten und pflegen können. Denn genauso, wie wir unsere Körperpflege zu einer Routine gemacht haben, weil sie gesund für uns ist, können wir auch lernen, unser Unterbewusstsein einer gewissen Hygiene zu unterziehen. Wir Menschen des 21. Jahrhunderts müssen es nicht mehr komplett dem Zufall überlassen, was in unserem Unterbewusstsein geschieht. Lassen wir uns hier auf diese spannende Aufgabe ein!

Wenn ich mich nun also mit den bedingten Selbstschutzreflexen befasse, werde ich verschiedene Bezeichnungen für diese verwenden. Dadurch kann der Eindruck entstehen, dass es sich hier um verschiedene Reflexarten handelt. Doch die unterschiedlichen Namen rühren zumeist daher, dass sich Experten aus diversen Fachgebieten mit diesen befassen. Zum Beispiel fokussieren die Stressforscher auf den Stressreflex, die Psychologen auf die seelisch-emotionalen Komponenten des Traumareflexes und die Somatiker – wie ich – auf die sensomotorischen und neuromuskulären Reflexantworten wie den *Green-Light-* oder den *Red-Light-*

Reflex. Letztere haben mich besonders interessiert, weil dieses somatische Verständnis mit der Entwicklung unseres Körperbewusstseins Hand in Hand geht und im Sinne unserer Selbsthilfe für uns wirklich interessant sein kann. Bei allem habe ich mich für diejenigen Namen entschieden, durch die uns die Wirkung der Reflexe in unserem Körper am besten deutlich wird.

Der Stressreflex

Also gehen wir hier vom Stressreflex aus, der die Grundlage des inneren Schutzgeschehens bildet. Er fasst zusammen, wie das innere Bodyguardsystem grundsätzlich funktioniert.

Wenn wir Menschen einer herausfordernden Aufgabe gegenüberstehen, es in einer Situation „eng" wird, eine Gefahr auf uns zukommt oder das Gehirn etwas zu Bewältigendes als grenzwertig oder bedrohlich erkennt, besinnt das Zentrale Nervensystem sich auf seine animalischen Sicherheitsstrategien und löst in uns den Stressresponse aus, der in Kampf, Flucht, Rückzug oder Erstarrung besteht. Und dementsprechend fällt auch die Art und Weise der Reflexantwort aus, die je nach Gefahrensituation verschiedene Ausrichtungen hat: Wenn sich das Unterbewusstsein für den Angriff als besten Weg der Verteidigung entscheidet, stellt sich unser Organismus auf die Offensive ein; wir greifen an. Erfasst es hingegen, dass die Fluchtvariante die angemessene Lösung ist, reißen wir aus und laufen davon. Wenn wir mit dem Rücken an der Wand stehen und die Situation eine bestimmte Bedrohlichkeitsgrenze übersteigt, lässt uns das Nervensystem einfrieren und schottet uns bewusstheitsbezogen und sensorisch vom Geschehen ab.

Genauso ist es ja auch entwicklungsgeschichtlich gewachsen: Ein Tier, das definitiv stärker als ein anderes ist, wird sich im Angriff sicher fühlen, während eins, das keine Aussicht auf den Sieg hat, davonlaufen, sich zurückziehen oder unterwerfen wird. Und so beim Menschen: Ist er der Gefahrenquelle gewachsen, wird er sich stark machen, die Fäuste ballen und in die Offensive gehen. Doch wenn beispielsweise ein tobender Chef ein stressauslösender Faktor ist, der offensichtlich die Powerposition und damit Macht über den Arbeitsplatz und das Einkommen hat, scheint es weniger klug, sich offensiv zu benehmen. Wenn sich ein Tier für das Erstarren und Totstellen entscheidet, hat es instinktiv erfasst, dass der einzige Ausweg darin besteht, am besten zu überleben oder der Gefahr zu entgehen. Und so friert auch ein Mensch sensomotorisch ein und geht in eine Art Lähmung, wenn sich sein Körper in einer physischen oder emotionalen Ausnahmesituation befindet, aus der es kein Entrinnen gibt. Schließlich kann es vorkommen, dass sich ein Mensch auch mit dem Bewusstsein aus dem Geschehen herausziehen muss. Das geschieht, indem er kollabiert.

Wie auch immer die Schutzreaktion ausfällt: Wir können davon ausgehen, dass unser inneres Selbstschutzsystem sich für diejenige Strategie entscheidet, die es nach dem Abgleichen mit unseren Erfahrungen, unserer nervalen Konstitution oder der Höhe des Gefährdungslevels für die sinnvollste hält und uns die größte „Überlebenschance" in Aussicht stellt.

Die akute Stressreaktion

Doch ganz gleich, für welche Variante sich der innere Bodyguard entscheidet, seine Antworten auf Stresssituationen führen im Körper immer zu ähnlichen Konsequenzen: Ab einer bestimmten Reizschwelle setzt die *Amygdala* als Teil des Limbischen Systems, das eine entscheidende Rolle beim Verarbeiten von Emotionen spielt, die Ausschüttung der Stresshormone Adrenalin, Noradrenalin und Kortisol in Gang. Das führt dazu, dass Puls und Blutdruck ansteigen, der Atem sich beschleunigt und die Leber mehr Blutzucker produziert. Bestimmte Schutzmuskeln, auf die ich später noch eingehe, werden in einen hohen Spannungszustand versetzt und bereiten den Körper auf die motorische Bewältigung der Schutzaufgabe vor.

Im selben Zuge werden alle Funktionen zurückgefahren, die im Angriffs- und Verteidigungsmodus keine primäre und lebenserhaltende Rolle spielen. Dazu gehören beispielsweise die Verdauung, die Sexualfunktion und der Stoffwechsel. Das Gefühl der Angst versetzt uns in einen Zustand erhöhter Aufmerksamkeit, sodass uns kein Detail entgeht, das uns gefährden, aber auch retten könnte. Schließlich steht aus der Sicht des Nervensystems unser Leben auf dem Spiel und wir wissen nicht, ob wir schnell, reaktionskräftig oder stark genug sind, um die Situation zu meistern. Und ja: Bei allem beeinflusst die Amygdala auch unser Gedächtnis, indem die Situation in dieses eingeht und deshalb spätere Stressreaktionen beeinflussen wird. Und hier nochmals zum Ursprung zurück: Der Stressreflex macht uns von seiner Urfunktion her fit für das Bewältigen von Herausforderungen und Gefahren. Und das kommt uns in dem jeweiligen Moment gewissermaßen zugute. Würde uns diese innere Bodyguardfunktion des Nervensystems nicht helfen, könnten wir sehr viele Akutsituationen überhaupt nicht meistern und in einigen vielleicht nicht einmal überleben.

Der Traumareflex

Dem Traumareflex liegt dasselbe reflexhafte Überlebensprinzip zugrunde. Nur besteht der Unterschied darin, dass eine Gefahr oder Bedrohung als so überwältigend und erschütternd erlebt wird, dass sie in einen inneren Schockzustand führt. Die Bodyguardzentrale im Gehirn hat sich dafür entschieden, in Sachen Selbstschutz die oberste Alarmstufe einzuläuten.

Der Traumaexperte Dr. Peter Levine und Begründer von *Somatic Experiencing* führt dazu aus, dass die Situation deshalb als so überwältigend erlebt wird, weil der Betreffende in dem ausgelösten Zustand der Angst die Kampf-, Flucht- oder Verteidigungsaktion nicht erfolgreich ausführen kann. Das heißt, dass seine Schutzfunktion ausgebremst wird, erfolglos bleibt und er der Situation ausgeliefert ist.

Wenn das Zentrale Nervensystem sich in diesem Geschehen für eine Freeze-Version entscheidet, gibt es mehrere Stufen. Zuerst fühlt sich der Betroffene benommen und nimmt wahr, wie seine Muskulatur müder und teigiger wird. Das kann graduell so weit gehen, dass diese erstarrt und man von einem Furcht-Lähmungsreflex spricht. Und schließlich kann die Situation so schockierend oder lebensgefährdend sein, dass sie in der Bewusstlosigkeit mündet und der Betreffende kollabiert.

Auch Dr. Steven Porges, Psychiater, Neuroforscher und der Begründer der *Polyvagalen Theorie*, hat diese Vorgänge sehr genau untersucht und beschreibt, dass das Geschehen durch das Versagen des dorsalen Astes des Vagusnervs ausgelöst wird. Während dieser wichtige Nervenstrang des vegetativen Teils des Nervensystems eigentlich dazu beiträgt, die Balance zwischen Aktivität und Ruhe aufrechtzuerhalten, lässt er hier, wenn er überfordert ist, das gesamte System zusammenbrechen. Auch das ist, selbst wenn es nicht so wirkt, vom Ursprung her eine Schutzreaktion des Organismus. Das Erlebte ist für den Betroffenen zu stark, als dass er es im Wachzustand verarbeiten kann.

Ein wichtiger Aspekt dieses Schockgeschehens besteht darin, dass das Nervensystem den Betreffenden von dem Ereignis in verschiedenen Schweregraden emotional abschottet, ihn in einer Art wahrnehmungsbezogenem Nebel oder wie hinter einem Vorhang hält. Dieses gefühlsmäßige Abkoppeln von der Erfahrung nennt man Dissoziation. Der innere Bodyguard tut zunächst alles, damit der Eindruck des Ereignisses auf den Betroffenen so weit wie möglich abgedämpft wird. Und so passiert es, dass er keine reale Wahrnehmung vom konkret Erlebten hat und sich später vielleicht nicht einmal daran erinnern kann. Ein typisches Beispiel ist ein Verkehrsunfall, bei dem ein Mensch unter Schock steht und von dem Unfallgeschehen und den Rettungsaktionen um ihn herum wie separiert bleibt. Der innere Bodyguard hilft ihm beim Überleben und geht dabei absolut akkurat vor.

Der postoperative Traumareflex

Während ein solcher Traumareflex in einem Menschen durch viele verschiedene überwältigende, ihn verletzende Geschehnisse ausgelöst werden kann, gibt es einige typische Arten von Traumareflexen, die ich herausstellen möchte. Und zu diesen gehört der Traumareflex nach Operationen.

Auch wenn operative Eingriffe Leben retten und Menschen zu mehr Lebensqualität verhelfen können, sollte nicht unterschätzt werden, welchen Einfluss das operative Öffnen des Körpers und das mechanische Eindringen in seine Innenräume hat. Zwei Aspekte spielen hier eine maßgebliche Rolle: einmal das Verletzen seiner physischen Unversehrtheit und zum anderen das Verabreichen von Anästhetika. Beide Umstände sind welche, die der innere Bodyguard als lebensbedrohlich einstuft und seine Schutzfunktion aktivieren.

Da die Haut als körperliche Schutzhülle verletzt, der Innenraum des Körpers geöffnet, technische Apparaturen in sein Inneres geführt, Organe oder Körperteile entfernt oder ersetzt werden, stuft unser Nervensystem die Operation als Ereignis ein, das die höchste Alarmstufe auslöst. Doch die Sache ist hier, dass es seine Schutzmaßnahmen aufgrund der Anästhetika nicht wirksam machen kann. Das geschieht, weil der Körper wehrlos ist und seine Sicherheitsschranke außer Kraft gesetzt, also sein natürliches Schutzsystem untergraben wird. Das Unterbewusstsein weiß ja nicht, dass diese Operation eine Rettungs- oder Heilmaßnahme ist.

Deshalb besteht die Reaktion des Zentralen Nervensystems, sobald es wieder reaktionsfähig ist, in derselben, wie sie aufgrund eines lebensbedrohlichen Angriffs ausgelöst wird. Das heißt, dass es nach dem Abklingen der Anästhetika einen äquivalenten, also immens starken Schutzreflex im Körper organisiert. Es versetzt die Muskeln im operierten Bereich und diejenigen, die mit diesen funktionell zusammenarbeiten, in einen hohen Spannungszustand, sodass sie das Operationsgebiet komprimieren. Dadurch wird ein unnötiger Blutverlust verhindert, der Schmerz reduziert und das Heilen der Wunde unterstützt. Der innere Bodyguard erkennt den Ernst der Lage und sorgt sich mit größtem Eifer um den verletzten Körper. Dabei ist es eine positive Entwicklung, dass bei operativen Eingriffen immer minimalinvasiver vorgegangen wird und man Methoden der sogenannten Knopflochchirurgie gegenüber Operationen mit großen Wunden den Vorrang gibt. Außerdem versucht man im Notfall- und Rettungswesen, operative Eingriffe, die nach dem bereits erlebten Schockgeschehen erforderlich sind, zu vermeiden oder auf später zu verschieben. Dadurch soll ein „Second Hit", also ein weiteres Schockgeschehen umgangen werden.

Wenn das auch positive Tendenzen sind, sollten operative Eingriffe in Bezug auf das Anspringen der Schutzmechanismen keinesfalls unterschätzt werden. Selbst eine Zahnoperation, eine routinemäßig ausgeführte Blinddarmentfernung oder eine Kniearthroskopie können im Nervensystem dieselben oder ähnlich starke Schutzreflexe auslösen, die größere Operationen hervorrufen. Ich komme später, wenn es um die Folgen der Schutzreflexe geht, noch einmal darauf zurück.

Der Geburtstraumareflex

Eine weitere Form des Traumareflexes, die häufig unterschätzt wird, ist der Geburtstraumareflex, der sowohl beim Kind als auch bei der Mutter ausgelöst werden kann. Schauen wir uns zuerst die Situation des Kindes an.

Ein solcher traumatischer Reflex kann durch alle möglichen Umstände aktiviert werden, die eine natürliche Geburt verkomplizieren, den Geburtsvorgang ins Stocken bringen, das ungeborene Kind einer Gefahrensituation aussetzen oder zu operativen Eingriffen wie einen Notkaiserschnitt führen. Darüber hinaus verrate ich kein Geheimnis, dass die Art und Weise, wie Kinder in den Industrieländern das Licht der Welt erblicken, nicht immer sorgsam, freundlich und respektvoll ist. Bei einer Entbindung im Krankenhaus fokussiert das medizinische Fachpersonal zumeist vorrangig auf die technischen Abläufe und Routinen. Im Klinikalltag ist oft nur wenig Platz dafür, sich darum zu kümmern, wie ein Neugeborenes die immens große Anpassung aus dem Mutterleib in eine ihm vollkommen unbekannte Umgebung möglichst heil bewältigen kann.

Ein Kind, das nichts anderes als die beschützte Atmosphäre des Mutterleibes kennt, erhält einen Schock fürs Leben, wenn es ins grelle Scheinwerferlicht gehalten, unachtsam, lieblos oder in Eile angefasst oder mit kalten Metallgeräten untersucht wird. Und vielleicht erhält es auch noch einen Schlag auf den Hintern, damit es zu schreien beginnt. Das alles reicht aus, um in seinem zarten, so immens feinen Nervensystem ein sattes Geburtstrauma auszulösen, das nicht nur den Start des Kindes ins Leben, sondern unter Umständen sein ganzes Dasein prägen wird.

Weil wir Menschen aber keine Erinnerungen an die Zeit unserer Geburt haben, sondern nur auf die Erzählungen anderer angewiesen sind, ist es für uns schwer auszumachen, ob in unserem Organismus bereits damals Schutzreflexe ausgelöst worden sind. Nur wenn uns von einer langen oder komplizierten Geburt berichtet wird, nehmen wir an, dass uns etwas widerfahren ist, das uns schutzbezogen geprägt hat.

Es ist eine Tatsache, dass der Start ins Leben bei vielen Menschen kein idealer ist und dadurch unnötig starke Schutzreaktionen im Organismus ausgelöst werden.

Der pränatale Traumareflex

Doch wir können hier sogar noch einen Schritt zurückgehen. Die pränatale Forschung hat in den letzten Jahrzehnten ebenfalls große Fortschritte gemacht und sich mit dem gesunden Heranwachsen des Kindes im Mutterleib befasst. Dabei stellte man fest, dass sich Schutzreflexe bereits im Mutterleib manifestieren können. Damit meine ich nicht die angeborenen Reflexe, die sich nach der Entbindung wieder zurückbilden, sondern Schreckreaktionen, die bereits eine frühe Antwort auf Gefahren sind und den Fötus sich aus Gründen des Selbstschutzes auch weiterhin zusammenziehen lassen.

Das geschieht, wenn die Mutter in eine Ausnahmesituation gerät oder verletzt wird, beispielsweise durch einen Sturz oder einen Unfall, aber auch durch Stresssituationen, Gewalt oder seelische Probleme, die sie in der Schwangerschaft erlebt. Schutzreaktionen des Ungeborenen werden auch beobachtet, wenn die Mutter starke Medikamente, Alkohol oder Drogen konsumiert, da die Schadstoffe durch die Adern des Kindes fließen und es nicht dazu ausgerüstet ist, diese zu verarbeiten. Es ist fast unnötig zu erwähnen, dass misslingende Abtreibungsversuche das Sicherheitsempfinden des Fötus von Grund auf stören.

Faktoren wie diese führen zu Schutzreaktionen, die als Grundinformation in das Nervensystem des Kindes bereits vor seiner Geburt eingehen. Im Unterschied zu Kindern, die neun Schwangerschaftsmonate in einer behüteten Umgebung erleben, machen sie schon im Mutterleib die Erfahrung, dass ihre Sicherheit nichts Gesichertes ist.

Und auch hier lässt es sich sogar noch einen Schritt zurückgehen: In der Traumaforschung wird zunehmend untersucht, inwiefern sich traumatische Reaktions- und Reflexmuster bereits durch die Art und Weise des Zeugungsakts manifestieren. Natürlich besteht ein Unterscheid darin, ob ein Kind in einem Akt der Liebe und Sicherheit oder unter Schmerz, fehlendem Konsens oder Gewalt gezeugt wird.

Das Geburtstrauma der Mutter

Obwohl die Geburt eines Kindes zu den wundervollsten Momenten im Leben einer Frau gehören kann, ist es dennoch eine Tatsache, dass nicht alle Mütter die Geburt als etwas Positives erleben, sondern unter Umständen als traumatisches Ereignis abspeichern. Und das hat verschiedene Ursachen.

Einmal kann es sein, dass eine Frau auf den anhaltenden Schmerz, den sie während der Wehen erlebt, nicht vorbereitet ist. Wenn sie generell unter Anspannung oder Stress steht, ist der Durchtritt des Kindes durch den Geburtskanal erschwert. Vielleicht hat sie Angst, weil sie sich ausgeliefert, überfordert und alleingelassen fühlt oder medizinisch kalt und unachtsam behandelt wird. Es kann sein, dass ein Dammschnitt vorgenommen und genäht werden muss oder ein Kaiserschnitt notwendig geworden ist. Faktoren wie diese stuft das Zentrale Nervensystem als Bedrohung ein, sodass es mit Schutzmaßnahmen reagiert.

Wann immer Frauen mir von solchen Erfahrungen erzählen, stelle ich aufs Neue fest, wie häufig sie auftauchen, doch wie stark sie immer noch tabuisiert werden. Die allgemeine Erwartung, dass eine Frau glücklich sein muss, wenn sie einem Kind das Leben schenkt, ist immer noch verbreitet. Weil die Realität aber oft sehr anders aussieht, gibt es sehr viele Frauen, die aufgrund einer als schockierend erlebten

Geburtserfahrung mit wachen Traumareflexen durchs Leben gehen.

Die transgenerationale Weitergabe traumatischer Erfahrungen

Doch ein Traumareflex kann auch ausgelöst werden, wenn dem Menschen selbst gar kein überforderndes Geschehen widerfahren ist. Traumaforschern zufolge können entsprechende Reflexe auch an die Nachfahren weitergegeben werden. In Fachkreisen bezeichnet man diesen Vorgang als *Transgenerational Transmission of Trauma* (TTT), der die Übertragung schockierender Erfahrungen an die Folgegenerationen beschreibt. Und das erfolgt auf mehreren Wegen: erstens über das Erbgut und zweitens über das Vorleben von Selbstschutzreaktionen.

Die genetische Weitergabe geschieht, weil Traumata oder beständige Stressreaktionen die DNS des Menschen verändern können. So werden die Traumata im wahrsten Sinne des Wortes an die Nachkommen vererbt. Forscher des Max-Planck-Instituts für Psychiatrie in München dokumentierten beispielsweise, dass ein Trauma zu einer dauerhaften Fehlregulation des Stresshormonsystems führt. Darüber hinaus kann sich auch die emotionale Konstellation traumatisierter Menschen über das Erbgut fortpflanzen. Wie Epigenetikforscher der *Emory University School of Medicine in Atlanta* herausfanden, werden starke Angstgefühle beispielsweise über genetisch veränderte Samenzellen weitergegeben. Es kann also sein, dass die traumatische Information von Geburt an im Körper eines Menschen wirkt und dadurch die entsprechenden Schutzreflexe bereits in Gang gesetzt wurden.

Und dieses Geschehen kann sich sogar bis in die dritte Generation fortsetzen.

Doch ein großer Teil des Übertragens traumatischer Schutzmechanismen geschieht durch modellhafte Lernprozesse der jüngeren Generation von der älteren, also durch die klassische Konditionierung, die individuell oder gesellschaftlich-kollektiv erfolgt.

So kann ein Kind beispielsweise eine bestimmte Form der Reaktivität von seinen Eltern oder Bezugspersonen übernehmen, weil ihm diese von klein auf vorgelebt oder bewusst eingetrichtert wird. Auf diese Weise erfolgt eine Übertragung übersteigerter Reaktionen wie etwa eine extreme Schreckhaftigkeit oder panische Ängste, die sich als Reaktions- und Verhaltensmuster in das Unterbewusstsein des Kindes eingraben. Daraus folgt, dass Menschen unter traumatischen Stressreaktionen stehen können, die gar nicht ihrem eigenen Erleben entsprungen, sondern nur beobachtet und verinnerlicht worden sind.

Ich selbst erinnere mich daran, dass mir meine Großmutter, bei der ich als kleines Kind viel Zeit verbrachte, unentwegt von den Kriegserfahrungen und von der Furcht vor Bombenalarmen mit heulenden Sirenen erzählte. Immer wieder beschrieb sie einen großen Brand in der Nacht, vor dem sie sich retten und alles hinter sich zurücklassen musste. Und deshalb lag unter ihrem Kopfkissen ein „Notsäckchen“, in dem sie ihr Geld und ihre Ausweispapiere für den Fall aufbewahrte, dass sie in der Nacht plötzlich fliehen müsse. Als ich viele Jahre später meine Albtraume und meine irrationale Angst vor Dunkelheit, Alarmmeldern und Feuer hinterfragte, kam ich mit diesen Geschichten in Kontakt. Die Erfahrungen meiner Großmutter waren durch ihre emotional geladenen Erzählungen zu meinen eigenen geworden. Ich erfuhr, dass dieses Geschehen auch als „Kriegsenkeltrauma“ bezeichnet wird.

Das Trauma der anderen

Ein Traumareflex kann aber auch ausgelöst werden, wenn ein Mensch eine grenzwertige, kaum ertragbare Situation bei einem anderen Menschen beobachtet, er sich emotional betroffen fühlt oder helfen möchte, dazu aber nicht in der Lage ist. Das wäre beispielsweise der Fall, wenn ein Kind miterlebt, wie seine Mutter vom Vater geschlagen wird und dadurch selbst in einer extremen Schutzreaktion verharrt. Dieser Fall ist gar nicht weit hergeholt, wenn wir uns vor Augen halten, dass jede dritte Frau in Deutschland gewaltsame Erfahrungen im familiären Umfeld macht. Und so passiert es, dass sich die Schockerfahrung oder Stressreaktion sowie die dazugehörige Angst in der Funktionsweise des kindlichen Nervensystems niederschlägt.

Doch dieselbe Reaktion kann, und das ist interessant, auch ausgelöst werden, wenn ein kleines Kind im Fernsehen oder im Internet mit entsprechenden Bildern oder Aufnahmen aus Kriegsgebieten, von Naturkatastrophen oder massiven Unfällen mit schlimmen Verwundungen konfrontiert wird, die sein Verständnis übersteigen. Diese können ebenfalls zu einer Schockreaktion führen, die genauso stark ist wie eine durch leibhaftige Erfahrung ausgelöste.

Ergreifende, schockierende Abbildungen dringen aber nicht nur bei Kindern, sondern auch bei Erwachsenen so leicht ins Unterbewusstsein ein, weil dieses auf Bilder und Vorstellungen besonders gut anspricht. Dadurch kann es sein, dass bestimmte visuelle Eindrücke immer wieder in der Erinnerung aufflammen oder als Flashback oder Albtraum auftauchen. Der innere Bodyguard unterscheidet ja nicht. Erlebt ein Mensch Bilder als genauso schockierend wie eine echte Erfahrung, fährt das Nervensystem Schutzreflexe in ähnlicher Stärke auf.

Inszeniertes

Darüber hinaus differenziert das Unterbewusstsein des Menschen auch nicht zwischen einem echten Bild oder Video und einem unechten, wie es in Horror-, Gewalt- oder Gruselszenen in Filmen inszeniert wird oder in pornografischen Darstellungen, die Gewalt oder Perversionen darstellen und den Körper verletzen, vorkommt.

Stellen wir uns nur einmal vor, was mit dem Nervensystem eines Kindes geschieht, wenn es überraschend mit gewaltsamen pornografischen oder sogar kinderpornografischen Inhalten konfrontiert wird. Es liegt nahe, dass sein Nervensystem damit vollkommen überfordert und geschockt ist. Genau deshalb gibt es ja auch die Altersbegrenzungen bei Filmen, die meiner Meinung nach viel höher liegen sollten. Fiktive Bilder haben tatsächlich eine Riesenmacht darüber, was in unserem Unterbewusstsein passiert.

Das Schlimme ist, dass wir das in der Film- und Fernsehlandschaft für ziemlich normal halten. Im Filmgeschäft scheint es ein Trend zu sein, dass physische Verletzungen, Wunden, gewaltsame Szenen bis hin zu Morden immer detaillierter und ausgiebiger gefilmt werden und man die Kamera bewusst lange auf diese hält. Und nein, das Unterbewusstsein weiß ja nicht, dass es Schauspieler sind, die

Morde, Gewaltszenen und das Verletzen von Menschen so echt wie möglich mimen, um in uns Nervenkitzel, Grusel, Ekel und Empörung auszulösen. So reiben wir bestimmte Bilder und Gefühle ganz freiwillig in unser Unterbewusstsein ein und bezeichnen das dann als gute Unterhaltung, von der wir glauben, dass sie uns bereichert und entspannt.

Tatsächlich kann es einen großen Einfluss auf unsere innere Selbstschutzsituation nehmen, wenn wir uns verletzende, menschenunwürdige Bilder und Darstellungen einverleiben. Wie oft habe ich Klienten sagen hören, dass sie sich von bestimmten Bildern einfach nicht lossagen können, diese nicht aus dem Kopf bekommen und sich besonders in der Nacht von ihnen verfolgt fühlen.

Es sind also nicht immer die im Allgemeinen als typisch traumatisierend eingeordneten Erlebnisse, die schutzbezogene Reaktionen in uns verursachen. Dies obliegt der Einschätzung des Zentralen Nervensystems, unserem inneren Bodyguard. Und dieser hat immer recht.

Die fünf biologischen Sonderprogramme nach Hamer

Und schließlich möchte ich in diesem Zusammenhang noch einen interessanten Ansatz in Bezug auf unsere internen Schutzfunktionen erwähnen. Dieser wurde bereits 1981 von dem deutschen Arzt Dr. Geerd Ryke Hamer im Rahmen der „Fünf biologischen Naturgesetze“ beschrieben, die die ganze Spannbreite der inneren Selbstschutzmechanismen aufzeigen.

Dr. Hamers Beobachtung nach verarbeitet der menschliche Organismus eine extreme Stresssituation oder einen „biologischen Schock“, wie er es nannte, indem im Organismus sogenannte „Sinnvolle biologische Sonderprogramme (SBS)" eingeleitet werden. Er arbeitete heraus, dass spezifische Schocksituationen dabei auf bestimmte Hirnregionen wirken, wodurch dann diejenigen Funktionssysteme beeinflusst werden, die mit dem betroffenen Hirnareal in Verbindung stehen. In welcher Körperfunktion das spezielle biologische Sonderprogramm dann also abläuft und sich symptomatisch äußert, hängt Dr. Hamer zufolge vom Konfliktinhalt ab. Außerdem ging er davon aus, dass jedes dieser sinnvollen biologischen Sonderprogramme durch einen „biologischen Konflikt" ausgelöst wird. Und als einen solchen bezeichnete er Erlebnisse, die einen Menschen vollkommen unerwartet, sozusagen wie „ein Blitz aus heiterem Himmel" treffen und von ihm als schockierend und isolativ empfunden werden. Die Ausprägung dieser Elemente bestimmt, wie die Situation im Weiteren verarbeitet wird.

Nehmen wir als Beispiel an, dass ein Mitarbeiter, der in einem Unternehmen für eine lange Zeit, vielleicht sogar sein ganzes Berufsleben lang gearbeitet hat, plötzlich und unerwartet fristlos gekündigt wird, kann ihn das in diesem Moment wie ein Schock treffen. Er wird in eine Situation katapultiert, in der er sich als allein, isoliert und exponiert empfindet, und vielleicht schämt er sich sogar, weil er seiner Meinung nach als unbrauchbar bewertet wurde und man ihn deshalb aussortiert hat. Eine solche Situation reicht allemal dazu aus, dass sich starke Schutzmechanismen in seinem Organismus etablieren, welche die „Sinnvollen biologischen Sonderprogramme" in Gang setzen und zu entsprechenden Symptomatiken führen.

Es ist also nicht nur das Ereignis selbst, das Schutzmechanismen auslösen kann, sondern auch die Bedeutung, die es für das individuelle Sicherheitsempfinden eines Menschen hat. Diese beeinflusst offenbar in starkem Maße mit, wie alarmierend es vom inneren Bodyguard eingestuft wird. Diese Zusammenhänge habe ich in meinen über 25 Praxisjahren viele Male beobachten können.

Die persönliche Bedeutsamkeit macht's

Darüber hinaus spielt die persönliche Konstellation und die individuelle Bedeutsamkeit eine Rolle. Und da komme ich nochmals auf das Beispiel des unerwarteten Jobverlusts zurück. Während ein Arbeitnehmer sich in einer solchen Kündigungssituation als absoluten Versager erleben kann, fühlt sich sein Kollege, der von haargenau derselben Entlassung betroffen ist, durch diese möglicherweise erleichtert und froh. Vielleicht hat er die Arbeit sowieso nie richtig gemocht, sich jeden Morgen aus dem Bett gequält und viele Male mit dem Gedanken an einen Jobwechsel gespielt. Dann kann ihm die Kündigung sogar entgegenkommen, ihn beflügeln, aufleben und eifrig nach neuen Jobalternativen suchen lassen. Sie hat also eine komplett andere Wirkung auf ihn.

Und diesen Fakt finde ich absolut wichtig. *Die persönliche Bedeutsamkeit der Situation beeinflusst, ob etwas Erlebtes als Stress- und Schocksituation eingestuft wird und zum Etablieren von Schutzmechanismen im Körper führt.* Es geht also nicht vorrangig darum, wie angsteinflößend oder spektakulär ein Ereignis von außen wirkt oder wie dramatisch es klingt, sondern wie es vom individuellen Menschen wahrgenommen wird. Und das gilt besonders für Situationen, die als undramatisch, verkraftbar oder völlig normal gelten, aber von einem Betroffenen als massiv stresshaft oder schockierend erlebt werden und deshalb zum Auslösen von Schutzreflexen führen.

Ich erinnere mich hier an einen sechsjährigen Jungen, Martin, der mir von seiner Mutter wegen diagnostizierter Zwangshandlungen und wiederkehrender Migräneanfälle vorgestellt wurde. Seine Schutzmechanismen, die zu bestimmten zwanghaften Routinen führten, setzten ein, nachdem seine Mutter zu Hause plötzlich zusammengebrochen war und mit Blaulicht ins Krankenhaus gebracht werden musste. Da Martin mit seiner Mutter allein lebte, war sie seine einzige Bezugsperson und damit seine Sicherheitsgarantie. Die Situation konfrontierte ihn erstmals mit der Vorstellung, dass die Mutter sterben und er allein in der Welt übrigbleiben könnte. Der Schock manifestierte sich, als Martin zu einer Tante gebracht wurde, die kein Verständnis für seine Situation hatte und ihn auch noch bestrafte, als er plötzlich einzunässen begann. Wenn sie Martin in den Arm genommen und ihm erklärt hätte, dass seine Mutter sich außer Lebensgefahr befand, wären ihm diese Schockreaktion, seine späteren Odysseen von einem Therapeuten zum nächsten sowie heftige Migräneanfälle erspart geblieben.

Entscheidend ist also, wie ein Mensch eine herausfordernde Situation persönlich einordnet. Was es letzten Endes genau ist, das vom Gehirn als Bedrohungs- und Stressfaktor herausgefiltert wird, kann zu einem sehr anderen Schluss führen als zu dem, den unser logisch operierender Verstand anerkennt.

Die Antizipation

Und schließlich möchte ich noch einen letzten Faktor ins Spiel bringen, der von vielen Traumaexperten unterstrichen wird: Wie das Zentrale Nervensystem eine Gefahren- oder Stresssituation bewertet und in Schutzmaßnahmen übersetzt, hängt auch davon ab, wie plötzlich die Situation den Betroffenen erfasst. Wenn ein Mensch eine solche kommen sieht oder erahnt, kann er sie besser abschätzen, sich auf sie einstellen und selbst bei einer kurzen Zeitspanne zum Entwerfen von Lösungen nutzen. Dann mag die Situation den Betreffenden nicht so hart treffen, weil der Schock „abgemildert“ ist.

Das kann beispielsweise der Fall sein, wenn ein nahestehender Mensch erkrankt ist, sein Befinden sich verschlechtert und die Angehörigen sich darauf einstellen können, dass er bald aus dem Leben gehen wird. Wenn das dann geschieht, hatten sie Zeit, sich darauf einzustimmen, obwohl es dennoch eine schmerzhafte Erfahrung sein kann. Und das ist anders, wenn jemand mit dem Tod oder Suizid eines nahestehenden Menschen ganz plötzlich, sozusagen „aus dem Kalten“ heraus konfrontiert wird.

Oder stellen wir uns vor, dass ein Mensch einen Einbruch in seine Wohnung miterlebt. Hier kann ich mitreden, denn das ist mir in London vor einigen Jahren passiert. Da macht es einen Unterschied, ob man noch schnell nach einem Pfefferspray oder einem Gegenstand zur Verteidigung greifen, die Polizei rufen oder aus dem Fenster springen kann, oder ob der Einbruch „Knall auf Fall“ passiert. Wie stark die Schutzreaktion ausfällt, hängt also auch von der Zeit ab, die dem Betreffenden bleibt, um sich auf eine Gefahren-, Stress- oder Schocksituation einzustellen.

Das Fazit

Und hier halten wir einmal an. Ich denke, dass wir nach all dem Gesagten gut nachvollziehen können, wie sich die Selbstschutzreflexe in unserem Organismus herausbilden und dass diese evolutionär angelegte Funktion des Zentralen Nervensystems uns Menschen in Gefahrensituationen schützt. Der innere Bodyguard steht als Symbol für diese eingebaute Schutzfunktion und sorgt sich akkurat um den Erhalt unseres Lebens.

Doch das ist nur der erste Teil der Geschichte. Schauen wir uns jetzt an, was mit solchen Schutzreflexen geschieht, wenn sie aktiv bleiben und ihre Folgen sich im Körper etablieren. Dadurch wird sich unser Verständnis für viele der im Körper ablaufenden Vorgänge, mit denen sich heute zahlreiche Menschen auseinanderzusetzen haben, noch mehr vertiefen.

Die Folgen der Stress- und Traumareflexe erkennen

Die Wurzeln der individuellen Reaktivität

Wenn wir uns dieses hochgradig intelligente Schutzverhalten unseres Nervensystems ansehen, läge es ja eigentlich nahe, dass es die im Körper organisierten Selbstschutzmechanismen wieder zurücknimmt, sobald die Herausforderung, die Akut- oder Gefahrensituation vorüber ist, also genauso, wie das bei den unbedingten Reflexen geschieht. Sandkorn aus dem Auge entfernt, Lidschlussreflex aufgehoben, weiter geht's. Und von Natur aus ist das auch so angelegt. Nur geht es im Zuge des unbedingten Reflexverhaltens nicht immer so vonstatten. Und das hat mehrere Gründe.

Zum einen kann es sein, dass der Körper in der Phase, in der sich die Stressreflexe abbauen, bereits von Neuem mit einer Herausforderungs- oder Gefahrensituation konfrontiert wird und dadurch die Stressreaktionen aufrechterhalten werden. Doch auch der aktuelle Stresslevel spielt hier eine Rolle. Wenn das Nervensystem durch den ganz „normalen" Alltagsstress herausgefordert wird, können sich die Kampf- und Fluchtmechanismen ebenso wenig zurückziehen. Während die Stresshormone weiterhin produziert werden, bleibt auch die Sensomotorik unter dem Einfluss reflexhafter Spannungen. Die Schutzsituation wird im Körper zu einer „Normalität".

Darüber hinaus geschieht es, dass das Nervensystem bereits Erfahrung mit bedrohlichen Geschehnissen hat, vorbaut und den Organismus im Weiteren so organisiert, dass er in Zukunft auf eine Gefahr noch schneller und effizienter reagieren kann. Und das heißt nichts anderes, als dass es zwar einen Teil des Akutschutzes zurücknimmt, aber je nach Stärke der Erfahrung in Alarmbereitschaft bleibt und bestimmte Funktionsmechanismen beibehält. Und das hat weitreichende Konsequenzen.

Eine davon ist, dass eine fortlaufende Reaktivität entsteht. Das heißt, dass der Organismus permanent startklar ist, um auf bestimmte Situationen, Auslöser und Vorfälle im Außen anzuspringen, selbst dann, wenn diese nicht einmal eine wirkliche Gefahr darstellen. Das Nervensystem fühlt sich durch die früheren Erfahrungen angesprochen und fährt unwiederbringlich Schutzmaßnahmen auf. Und ja. Dieses reaktive Schutzverhalten wird von einer bestimmten vegetativen Erregung, von Muskelanspannung, emotionalen Anfälligkeiten oder physischen Beschwerden begleitet und hat dann eine ganz persönliche Note. Es ist individuell geprägt.

Und das finde ich interessant, weil wir dadurch verstehen können, warum nicht jeder Mensch dieselbe Stress- oder Schrecktoleranz, dieselben Ängste und Sicherheitsbedürfnisse hat und auch nicht auf die gleichen Auslöser mit Kampf-, Verteidigungs- oder Rückzugsverhalten reagiert. Diese Reaktivität ist das Ergebnis des schutzbezogenen Überhangs, der im Organismus des Betreffenden nun musterhaft und gewohnheitsbezogen abläuft.

Also schlagen wir hier den Bogen von dem gut gemeinten Selbstschutz, der uns in einer Akutsituation hilft und rettet, zur Phase der Etablierung der Schutzreaktionen, während der die Stressreflexe im Organismus weiterhin nachwirken oder immer wieder getriggert werden. Und genau das verändert die natürlichen Abläufe der Funktionssysteme und führt zu gesundheitlichen Symptomen, Schmerzen, psychischen Problemen oder sogar zu langwierigen Erkrankungen.

Und hier kommt's: Das alles geschieht zumeist, ohne dass der betroffene Mensch die Ursache dieser Veränderungen oder Auffälligkeiten einordnen kann.

Weil diese Folgesituation auf so viele Menschen zutrifft und bei zahlreichen Klienten, mit denen ich über ein Vierteljahrhundert gearbeitet habe, aktiv war, halte ich es für unser Verständnis von Gesundheit und Erkrankung für ungeheuer wichtig, dass wir die Folgen dieser Prozesse verstehen und dieses Wissen in die Heilungsprozesse einbinden. Nur so gelingt es uns, dass wir gesundheitliche Beschwerden und seelische Probleme wirklich beheben und ausbalancieren können.

Schauen wir uns diese schutzbezogenen Überhänge jetzt etwas genauer an.

Je früher, desto einschneidender

Obwohl einem Menschen Stress bereitende, traumatische oder schockierende Erfahrungen natürlich auch in seinem Erwachsenenleben widerfahren können, stammen viele der im Körper aktiven Schutzreflexe aus unserer frühen Kinderzeit. Das hängt damit zusammen, dass wir Menschen als Spezies über eine so immens lange Lebensphase hinweg komplett unselbstständig sind. Die nestflüchtenden Tiere wie Enten, Pferde, Hasen, Rehe oder Ziegen sind sofort nach ihrer Geburt handlungsfähig und selbst Nesthocker wie Mäuse, Kaninchen, Füchse, Hunde oder Katzen brauchen nur ein paar Wochen, bis sie davonziehen. Der Mensch hingegen ist das einzige Lebewesen, das über viele Jahre abhängig von seinem Umfeld bleibt und deshalb beliebig geformt, manipuliert und auch hochgradig verletzt werden kann.

Ein Baby kann sich anfangs so gut wie überhaupt nicht

schützen, sich weder einer Gefahrenquelle entziehen, noch vor manipulativen Einflüssen oder Übergriffigem bewahren. Es hat sich mit den Bedingungen, unter denen es lebt, zu arrangieren und hinzunehmen, wie es von anderen behandelt wird, welche Werte die Bezugspersonen haben und was ihm von Beginn an auf direkte oder indirekte Weise beigebracht wird. Wenn einem kleinen Kind also stressvolle, es überfordernde und isolierende Erlebnisse widerfahren, prasseln diese auf es ein, ohne dass es die Situation verstehen kann und dieser etwas entgegenzusetzen hat.

Die Auswirkungen sind um so gravierender, je jünger das Kind ist. Das geschieht, weil das menschliche Gehirn in den frühen Lebensphasen die meisten Nervenverbindungen bildet, es sich sozusagen von Grund auf „verkabelt" und am rasantesten wächst und reift. Es wird also genau dann gestört, wenn es die neuronale Grundeinstellung für das Funktionieren des Organismus bildet, ja, den „Blueprint" für die Zukunft legt. Und auf diesen erlernten Reaktionsweisen erwächst dann die Art und Weise des späteren Handelns und Agierens. Heißt: Alles, was der Mensch im Nachhinein erfährt und lernt, geschieht unter dem Einfluss von Schutzbedürftigkeit, Überlebenskampf, Fluchtverhalten oder Rückzug – unter dem Deckmantel der Reaktivität. Je früher das Nervensystem eines Kindes also unter dem Einfluss der Selbstschutzreflexe steht, desto geringer ist die Aussicht, dass es in Zukunft unbehelligte, natürliche und zu Reife führende Erfahrungen macht.

Der bekannte Hirnforscher und Neurobiologe Professor Gerald Hüther stellte im Zusammenhang damit heraus, dass Kinder, die von früh an unter Stress stehen, ein kleineres Gehirn haben, weil offenbar die Bildung von Nervenzellen behindert wird. Das bedeutet, dass ein von Stressreflexen beeinflusstes Gehirn über eine verringerte Nervenzellsubstanz verfügt und folglich weniger Querverbindungen bildet, die für das Kind zum Verarbeiten von Informationen und zum flexiblen Organisieren seines Lebens wichtig wären.

So nimmt die Installation von Selbstschutz einen drastischen Einfluss auf die psychophysische Entwicklung des Kindes, führt zu Defiziten unterschiedlichster Art und überlagert so sein weiteres Aufwachsen. Es ist offensichtlich, dass dies eine sehr andere Startposition fürs Leben im Vergleich mit einem Kind ist, das ungebremste Erfahrungen machen, unbehelligt spielen und lernen und seine Potenziale voll entfalten kann.

Erinnerungslos

Ein wichtiger Aspekt in diesem Geschehen ist, dass ein Mensch, dessen Organismus von früh an von Selbstschutzmechanismen bestimmt wird, kaum über aktive Erinnerungen an konkrete Geschehnisse verfügt. Die menschliche Erinnerungsfähigkeit setzt ja erst mit etwa drei, vier Jahren und bei Menschen mit stressigen und traumatisierenden Erlebnissen zumeist noch später ein. Das führt dazu, dass die Betroffenen von all dem nichts ahnen, die entstandenen Reaktionen aber in ihrem Organismus wirksam sind.

Und das ist ein Unterschied im Vergleich zu einem Menschen, der sich daran erinnern kann, dass ihm etwas zugestoßen ist oder der „im Idealfall" vielleicht sogar beobachten konnte, dass dieses Erleben sein Befinden und seine gesundheitliche Situation beeinflusst hat. Dann kann er es zuordnen und hat auch die Wahl, aktiv zu werden und sich gegebenenfalls Hilfe zu suchen. Doch wenn die Erfahrungen im frühen Kindesalter liegen, ist der Mensch von dem Geschehenen abgeschnitten. Später im Erwachsenenalter fragt er sich vielleicht unentwegt, warum es ihm nie gelingt, das Leben zu leben, nach dem er sich sehnt, warum bestimmte Symptome chronisch geworden sind, seine Gesundheit trüben oder gut gemeinte Heilmaßnahmen bei ihm einfach nicht greifen.

Und genau deshalb ist es so immens wichtig, dass wir in den Besitz von Informationen kommen, die uns verstehen lassen, wie sich im Körper manifestierte Selbstschutzreflexe äußern, welche Funktionssysteme sie beeinträchtigen und zu welchen Symptomatiken und Krankheitsbildern sie führen.

Tatsächlich gehen nicht wenigen meiner Klienten die Augen auf, sobald sie die Zusammenhänge erkennen. Viele von ihnen verstehen plötzlich, warum bestimmte Themen in ihrem Leben eine fortlaufende Rolle spielen und so überaus hartnäckig sind. Ihnen geht ein Licht auf, warum sie sich nicht besser fühlen, bestimmte Entscheidungen immer wieder auf dieselbe ungute Weise treffen oder ihr Körper einfach nicht heilt. Plötzlich beginnen sich die Puzzleteile zusammenzuschieben. Es ist keinesfalls übertrieben, wenn ich sage, dass Betroffene ihren Körper und ihr Leben plötzlich in einem völlig neuen Licht zu sehen beginnen. Das Wissen darüber, wie sich Schutzmechanismen im Körper manifestieren, kann hier bereits die Wendepunktsituation sein.

Die Neurobiologie von Dauerstress

Schauen wir uns jetzt an, was aus sensomotorischer Sicht passiert, wenn Schutzreflexe aktiv bleiben, und kommen wir zuerst zu dem Umstand, dass sich ein Mensch aufgrund von

Dauerstress permanent in Alarmbereitschaft, heißt im Kampf-, Flucht- oder Rückzugsmodus befindet. Das bedeutet, dass er sich – wenn auch in unterschiedlich starker Intensität – immer gejagt, verfolgt, bedroht oder angegriffen fühlt. Das vegetative Nervensystem ist in der sympatikotonen Erregung steckengeblieben, das heißt, dass diejenigen Nervenstränge des autonomen Nervensystems, die Aktivität und Vorwärtsstreben ermöglichen, übererregt sind und der Betroffene dadurch kaum zur Ruhe kommt. Der gegenspielende, also parasympathische Teil, der für Ruhe und Entspannung sorgt, wird ausgebremst, weil es inmitten der Gefahr nicht sinnvoll ist, sich auszuruhen. Der innere Bodyguard nimmt seine Aufgabe noch immer sehr genau.

Wenn allerdings der Rückzugs- oder Freezemodus überwiegt, bestimmt die Übererregung der parasympathischen Nervenstränge, was im Körper geschieht. Dies bewirkt, dass der Betroffene sich ermüdet, schlaff, träge, gebremst oder oft auch depressiv fühlt und sich wie gelähmt durchs Leben bewegt.

Der Umstand, dass solche Reaktionsweisen die natürlichen Funktionsabläufe im Organismus stören und gravierende gesundheitliche Folgen nach sich ziehen, hat dazu geführt, dass viele Mediziner und Wissenschaftler andauernden Stress als die Krankheitsursache Nummer eins ansehen. Doch dabei ist wichtig zu verstehen, worauf diese Aussage fußt. Hier geht es nämlich nicht um den bloßen Fakt, dass wir zu wenig Zeit haben, unsere Terminkalender proppenvoll sind, wir den Kaffee am Morgen zu hastig trinken oder unsere To-do-Listen niemals abgearbeitet kriegen. Hier geht es um die Folgen eines konstant aktivierten Stressreflexes, der die natürliche Arbeitsweise des Organismus verändert und alle Funktionssysteme wie das Herz-Kreislauf-System, die Atmung, die Spannungsregulation in unseren Muskeln, unsere Bewegungsfähigkeit, den Stoffwechsel, die Verdauung, die Hautfunktion, unseren Schlaf-Wach-Rhythmus, unser Immunsystem, das Sexualleben und die Regulation unseres Körpergewichts stört. Das reicht bis in die Funktion unserer Zellen hinein. Das Nervensystem hat sich auf Selbstschutz eingefahren und unterliegt bestimmten Automatismen, die es zugunsten unserer Sicherheit unbeirrt beibehält.

Wenn Stress also ein dauerhafter Gast in unserem Leben ist und wir solche stressbedingten Anzeichen an uns wahrnehmen, sollten unsere inneren Alarmglocken läuten. Aus der Sicht des Nervensystems ist dies bereits eine Fünf-nach-Zwölf-Situation. Spätestens jetzt ist der Moment gekommen, in dem es heißt, die Reißleine zu ziehen und sich supergut um sich selbst zu kümmern.

Stress und der Green-Light-Reflex

Werden wir noch konkreter und schauen uns jetzt einmal die sensomotorischen Konsequenzen des stressbezogenen Schutzgeschehens genauer an.

Wenn das Zentrale Nervensystem eines Menschen sich für den Angriff und die Offensive als Stressreaktion entscheidet und dieses Reflexverhalten sich im Organismus manifestiert, entsteht eine neuromuskuläre Situation im Körper, die auf dem Gebiet der Somatik auch als *Green-Light*-Reflex beschrieben wird. Dieser wurde uns ursprünglich in Form des *Landaureflexes* von der Natur mitgegeben, um uns auf das Agieren im Außen, auf Aktion und Vorwärtsbewegung vorzubereiten. Dieser essenzielle Reflex tritt zum ersten Mal auf, wenn ein Baby etwa fünf Monate alt ist. Er befähigt es, den Kopf anzuheben und dadurch seine Umwelt wahrzunehmen und gibt ihm den Kick, dass es diese bewegend erforscht. Er bewirkt in dieser Phase, dass ein Kind neugierig und entdeckungslustig ist, sein Leben mit Freude erforscht, dass es reift und lernt.

Dieser Reflex integriert sich normalerweise bis zum dritten Lebensjahr, was heißt, dass die Reaktion als solche zu einem Teil unseres menschlichen Bewegungs- und Handlungsrepertoires wird, das wir flexibel und angemessen abrufen können. Doch wenn Stressreaktionen im Spiel sind und der Mensch sich dauerhaft im stressbezogenen Offensivverhalten und Vorwärtsstreben organisiert, gewinnt die *Green-Light-Reaktion* die Überhand und verkörpert sich. Das wiederum heißt, dass sie die den Rücken aufrichtenden und streckenden Muskeln dauerhaft in einen hohen Spannungszustand versetzt, dadurch das Hohlkreuz vergrößert, das Becken nach vorn kippt und die Brust herausschiebt. Der Mensch bietet der Welt die Breitseite an und es ist, als trommelte er sich wie Tarzan auf die Brust, um röhrend ins Gefecht zu ziehen. Das heißt, dass der im *Green-Light*-Modus Feststeckende nicht anders kann, als dem konstant wachen Vorwärtsdrang nachzugeben, sich anzutreiben und zwanghaft aktiv zu sein. Weil die Art und Weise, in der das Nervensystem den Körper organisiert, dem ähnelt, wie wir uns an einer grünen Ampel benehmen, wenn wir freie Fahrt haben, also aufs Gaspedal treten und durchstarten, wird der *Green-Light*-Reflex in der Somatik auch als *Startreflex* bezeichnet.

Von außen betrachtet könnte man meinen, dass es sich gar nicht um etwas Bedenkliches handelt, weil ein nach vorn strebender, aktiver und eifriger Mensch demonstriert, dass er

Dinge voranbringt und Ziele verfolgt. Nicht selten sind diese Menschen auch als Alphapersönlichkeiten bekannt, die Führungsaufgaben innehaben, Teams leiten, Siege und steile Karrieren vorweisen und deshalb in unserer leistungsorientierten Gesellschaft bewundert und honoriert werden. Aber das ist nicht die Frage. Wichtig ist, welche Triebkraft dahintersteckt. Und wenn es sich dabei um einen anhaltenden Stressreflex handelt, der sich in Form einer dauerhaften Überaktivität des sympathischen Nervensystems und einer stets überhöhten Muskelspannung äußert, ist der Betreffende nicht in der Lage, sich aus diesem Mechanismus zu befreien. Und das ist der Punkt.

Muskuläre Engen durch den Green-Light-Modus

Schließlich führt die entstandene muskuläre Situation zu einer ganzen Liste von Folgeproblemen, die es in sich haben können. Wird die dauerhafte Grundanspannung der Streckmuskeln nämlich aufrechterhalten, hemmt sie automatisch die Aktivität der Gegenspieler, also der Beugemuskeln, und das führt dazu, dass der Betreffende sich muskulär wie eingekeilt fühlt, immer steifer wird, sich unflexibel bewegt und sein gesamter Selbstausdruck verarmt. Darüber hinaus bringen die chronischen Verspannungen verschiedene körperliche Strukturen in Bedrängnis – ja, in eine Enge – und diese Engpässe sind die Ursache für viele neuromuskuläre Symptome und Beschwerden. Genau dieser Zusammenhang ist wirklich wichtig! Das ist er, weil wir durch ihn viele typische Schmerzzustände und neuromuskuläre Symptome, wegen denen unzählige Menschen den Arzt aufsuchen oder sich Operationen unterziehen, erst verstehen können.

Deshalb noch genauer: Indem die manifestierte Nach-vorn-Strebhaltung die Rückenmuskeln verspannt, wird ein erhöhter Druck auf die Wirbel und damit auf die Bandscheiben ausgeübt. Dieser Druck kann so groß sein, dass er diese aus ihrer Position presst und zu Bandscheibenvorfällen führt. Die herausgepresste Bandscheibe kann dann wiederum auf die Nerven drücken, die das Rückenmark in dem jeweiligen Wirbelsäulensegment verlassen. Taubheitsgefühle, Missempfindungen, motorische oder sensorische Ausfälle können sich in den Beinen und Füßen bemerkbar machen. Zu den typischen Folgeproblemen solcher Spannungs- und Engesituationen gehören auch Hüft-, Knie-, Achillessehnen- und Fersenschmerzen sowie Beschwerden im Bauch, Unterleib oder Verdauungstrakt.

Dieselben Engesituationen, die das *Green-Light-Verhalten* auslöst, können sich genauso gut in anderen Körperregionen wie etwa im Nackenbereich abspielen. Dann sorgt die erhöhte Muskelspannung für Druck auf die Nackenwirbel, der dort zu Bandscheibenvorfällen, aber auch zu Durchblutungsstörungen, Schmerzen, Steife oder Bewegungseinschränkungen führt. Zu den weitreichenderen Folgen gehören unter anderem Kieferprobleme, Zähneknirschen, Tinnitus, Migräne, Sehstörungen oder Trigeminusneuralgien. Und es geht noch weiter: Weil die Nackenmuskulatur mit der Funktion des gesamten Schultergürtels untrennbar verbunden ist, wirkt sich deren Verspannung automatisch auf die Schultergelenke aus, wo es ebenfalls zu Engpässen kommt und Diagnosen wie Impingement-, Rotatorenmanschetten- oder Schulter-Arm-Syndrom nach sich zieht.

All diese Symptomkomplexe sind Beispiele für die Kettenreaktionen, die durch den aktivierten *Green-Light-*

Reflex ausgelöst werden und die natürlichen Funktionen des neuromuskulären Systems aus der Bahn werfen.

Erhöhte Verletzbarkeit

Doch damit sind es der Schattenseiten des *Green-Light-* oder Durchstarterverhaltens nicht genug: Da sich das Nervensystem ursprünglich für den Angriff als beste Verteidigungsstrategie entscheiden hat, mag das die betreffenden Menschen in der zurückliegenden Akutsituation zwar besser geschützt haben, aber das schlägt ins Gegenteil um, wenn sich die Schutzreaktion manifestiert. Dann sind die Betroffenen nämlich alles andere als gesichert, sondern sogar hochanfällig, weil sie ihre lebenswichtigen Organe, die an der Körpervorderseite beheimatet sind, der Außenwelt entgegenstrecken. Sie bieten der Welt die Brust und verlieren dadurch die Fähigkeit, sich auch schützen zu können, wenn es nötig ist. Und so kommt es, dass sie sich sinnbildlich oft „Magen- oder K.O.-Schläge" einhandeln, weil jeder Kampf schließlich einen Gegenkampf entfacht und die Stärke, die durch ein Offensivverhalten zu erreichen versucht wird, keine ist.

Darüber hinaus halten das stete Vorwärtsstreben und der hohe Gehalt der Stresshormone im Blut die sympathischen Anteile des vegetativen Nervensystems wach, sodass das Herz einem ständig vermehrten Blutfluss und Druck ausgesetzt wird. Die Folge sind ein hoher Blutdruck und Herz-Kreislauf-Probleme, die unter dem Begriff Herzinsuffizienz zusammengefasst werden. Doch das Herz hat seine Grenzen. Angina-Pectoris-Anfälle und Herzinfarkte sind typische dafür und können den konstant Getriebenen und aufs Gaspedal Tretenden ganz plötzlich aus dem Rennen nehmen. Auch auf organischer Ebene wird die Sicherheit des Betroffenen unterminiert.

Darüber hinaus sind Menschen im *Green-Light*-Modus dadurch gefährdet, dass es ihnen nur schwer gelingt, sich zu entspannen, auszuruhen oder durchzuschlafen und sie das durch die Einnahme vermeintlich entspannender Substanzen zu erreichen versuchen. Ein regelmäßiger Konsum von Alkohol, Nikotin, Drogen, Schlaf-, Schmerz- und Beruhigungsmitteln, der übermäßige Genuss von Zucker, Süßem, schwermachenden Teig- und Weißmehlprodukten, fettem oder hochkalorischem Essen wird genutzt, um aus der Überaktivität auszusteigen und zur Ruhe zu kommen. Doch diese Kompensationsmittel haben auf Dauer gesehen natürlich Nebeneffekte, weil sie andere überlebenswichtige Organfunktionen beeinträchtigen.

Die Betroffenen setzen sich mit solchen Gewohnheiten dann oft aus ganz anderen Gründen auseinander, indem sie mit dem Rauchen aufhören, Gewicht verlieren, weniger Alkohol, Fettes oder Süßes konsumieren wollen. Dies gelingt ihnen aber nicht und sie fallen immer wieder in dieselben Gewohnheiten zurück. Und genau das ist ein typisches Beispiel dafür, dass Schutzmechanismen im Unterbewusstsein aktiv sind, nur dass diese eben nicht beschützend wirken. Im Gegenteil. Anders als früher setzen sie jetzt die Gesundheit aufs Spiel.

Der Red-Light-Reaktion

Nachdem wir mit dem *Green-Light*-Mechanismus die sensomotorische Seite des stressbedingten Angriffsmodus betrachtet haben, schauen wir uns jetzt die gegenteilige Strategie des inneren Bodyguards an, die im Rückzug besteht. Sie wird deshalb auch oft als Rückzugsreflex oder, weil wir an einer roten Ampel anhalten, als *Red-Light-* oder Stoppreflex bezeichnet.

Dieser eigentlich frühkindliche Schutzreflex gehört von seinem Vorgang her zu den Primitivreflexen. Er entsteht bereits in der fünften Schwangerschaftswoche im Mutterleib, indem sich der Fötus zusammenzieht, wenn seine Sicherheit gefährdet ist. Doch wenn der Reflex über die neunte Schwangerschaftswoche hinaus aufgrund stressvoller Erfahrungen aktiv bleibt oder er durch spätere Rückzugserfahrungen unbewusst als Schutzmechanismus getriggert wird, heißt das, dass der betreffende Mensch sich im wahrsten Sinne des Wortes embryoähnlich einigelt, abkapselt und zurückzieht. Und das entspricht seiner neuromuskulären Situation.

Dieser typische *Red-Light-*Modus ist, wenn er sich verkörpert, mit einem hohen Spannungszustand derjenigen Muskeln verbunden, die den Körper beugen, ihn runden und zusammenziehen lassen, während die Schultern nach vorn gezogen werden und der Betreffende den Kopf wie eingezogen hält. Deshalb kommt es auch hier zu typischen Engesymptomen, nur dass deren Entstehungsmechanismus ein anderer ist, als im *Green-Light-*Modus. Hier wird die Enge durch das Einhöhlen des Brustkorbes und des Bauchbereichs, also an der vorderen Körperseite ausgelöst, sodass sie die dort angesiedelten Strukturen und Organe in ihrem Funktionieren stört. Zunächst hemmt sie die Aktivität des Zwerchfells, unseres Hauptatemmuskels, sodass sie die Atmung verflacht, oft sogar stockt und deshalb Kurzatmigkeit oder Atemwegserkrankungen wie beispielsweise Asthma oder chronische Bronchitis entstehen. Weil der Körper in diesem Zuge zu wenig Sauerstoff erhält, klagen Betroffene oft über Müdigkeit, ständige Erschöpfung oder eine unerklärliche Antriebsschwäche – eine Situation, die dann häufig auch als chronisches Fatigue-Syndrom diagnostiziert wird.

Darüber hinaus engt ein eingewölbter Brustkorb auch das Herz ein. Obwohl hier eine andere Situation als beim *Green-Light*-Reflex vorliegt, führt diese ebenfalls zu Herzinsuffizienz, Kreislaufproblemen und einem hohen Blutdruck. Das Herzkreislaufsystem hat es hier besonders schwer, weil der venöse Rückstrom des Blutes zum Herzen konstant gegen diese enorme Verengungssituation angehen muss. Je nach Stärke der Enge kommt es so zum Rückstau im Gefäßsystem. Venenprobleme, Krampfadern, Ödeme, Zellulitis, Wasseransammlungen in den Beinen, geschwollene Knöchel oder Hämorrhoiden sind typische Anzeichen dafür.

Hinzu kommt, dass sich auch der Bauch-Becken-Bereich in einer delikaten, weil enorm verengten Situation befindet. Einer der am stärksten angespannten Muskeln ist der Iliopsoas-Muskel, der durch die Leistenbeuge zieht und den Bereich der Eingeweide muskulär schützt. Weil er diese Schutzfunktion wirklich ernst nimmt und uns vor seelischen Verletzungen bewahrt wie jene, die in der Magengrube oder den Eingeweiden landen, wird er oft auch als „Muskel der Seele“ oder als Selbstschutzmuskel bezeichnet. Doch wenn dieser unter Daueranspannung steht und nicht nachgeben kann, übt er Druck auf den gesamten Unterleib, ja auf alle Bauch- und Unterleibsorgane aus. Das kann die Ursache für viele Darm- und Verdauungsbeschwerden, Prostataprobleme, Inkontinenz oder gynäkologische Symptomatiken wie

Endometriose, Beckenbodeninsuffizienz oder Gebärmuttersenkungen sein. Nicht selten verhindert dieser „Druck nach unten“ auch die Gebärfähigkeit bei Frauen.

Red-Light und Angst

Eine der ausgeprägtesten Emotionen, die das *Red-Light*-Verhalten begleiten, ist die Angst. Denn Angst und Enge sind ein Paar. Und so ist die chronische Einengung an der Körpervorderseite damit verbunden, dass den Menschen ein konstantes Gefühl der Furcht bis hin zur Panik plagt. Und dieses hat nichts mit dem zu tun, wovor er Angst hat, also vor Spinnen, Höhen, Krankheiten, Prüfungen, Flügen, Trennungen, der Zukunft, dem Tod oder dem Leben. Diese Formen sind vielmehr Ausdruck davon, dass der Körper in der Enge steckt. Der Betroffene nimmt sich deshalb so wahr, als hätte er überhaupt keine Kontrolle über sein Umfeld und als wäre er diesem ausgesetzt. Und das ist nachvollziehbar, denn wir können uns nun einmal nicht als angstfrei, optimistisch und selbstbewusst erleben, wenn der Oberkörper eingewölbt ist und nach vorn gezogen wird. Ich habe außerdem beobachtet, dass dieses Gefühl des Runtergezogenseins sehr schnell auch mit dem Begriff Depression in Zusammenhang gebracht wird. Doch das geht in diesem Fall ebenfalls an der Tatsache vorbei, weil dieses Sich-heruntergezogen-Fühlen hier damit zusammenhängt, dass das Nervensystem sich auf Rückzug eingestellt hat und im *Red-Light*-Modus verblieben ist. Stopp! Nichts geht mehr. Alles hält an oder zieht sich zusammen. Für die vielen Menschen, die als depressiv gelten, wäre es wichtig zu prüfen, ob ihre Situation nicht vielleicht auch mit einem solchen Geschehen im Zusammenhang steht, das, wie wir später sehen werden, auflösbar ist.

Und ja: Was den wirklichen Sicherheitsstatus des Menschen im *Red-Light*-Modus anbelangt, finden wir hier ein ähnliches Paradox wie beim *Green-Light*-Reflex: Obwohl der Betroffene sich in einer Schutzhaltung befindet, die ihn behüten soll, ist er alles andere als beschützt. Indem er in seinem Körper wie eingeschlossen ist, fühlt er sich seinem Umfeld gegenüber ungeschützter und ausgelieferter als je zuvor. Dieses Empfinden bewirkt, dass die Betroffenen panische Ängste entwickeln und auf die geringsten Anlässe im Außen mit einem unverhältnismäßig starken, oft überzogenem Verhalten reagieren – das ist dem Betroffenen auf unbewusste Weise klar.

Und noch etwas ist hier interessant: Während die Ausprägung des *Green-Light*-Verhaltens typischer für Männer ist, findet man das *Red-Light*-Verhalten häufiger bei Frauen. Die Frau bietet der Welt offenbar weniger die Brust, sondern entscheidet sich unbewusst für den Rückzug, weil dieser aufgrund des allgemeinen Rollenbildes tolerierter ist.

Das erinnert mich an eine Beobachtung, die ich gemacht habe, als ich zu Beginn meines therapeutischen Berufslebens in einer Rehabilitationsklinik gearbeitet habe. Damals kam immer häufiger die Diagnose „Fibromyalgie" auf, ein Beschwerdebild, das mit massiven, unerklärbaren chronischen Schmerzen am Bewegungsapparat verbunden ist. Bei der Diagnose stützt man sich auf die Existenz mehrerer „Tenderpoints", also auf Punkte am Körper, die auf Druck mit Schmerz reagieren. Und hier kommt's: Diese Punkte zählen zu den sehnigen Ansatzstellen genau der Muskeln am Knochen, die entweder zu den überspannten *Red-Light*-Schutzmuskeln gehören, oder zu denen, die durch den *Red-Light*-Reflex gehemmt werden. Da diese Diagnose fast ausschließlich Frauen trifft, erhärtet sich der Verdacht, dass es sich um eine Folge des ursprünglich beschützenden Rückzugsmechanismus handelt, der typischer für Frauen ist.

„Red-Light" und „Green-Light" als Folge traumatischer Erfahrungen

Schließlich kann die Situation in einem vom *Red-* oder *Green-Light*-Modus geprägten Körper auch ins Extrem gehen, was als Folge traumatischer Erfahrungen passiert. Hier wird zwischen den Symptomen, die das aktuelle Erleben einer Schocksituation auslösen kann, und den Folgezeichen unterschieden. Während erstere im medizinisch-therapeutischen Kontext als Akute Belastungsreaktion (ABS) bezeichnet werden, fasst man die späteren Auswirkungen als Posttraumatische Belastungsstörung (PTBS) oder entsprechend dem englischen Begriff *Posttraumatic Stress Disorder*, also PTSD, zusammen. Wenn eine Gefahrensituation extrem, schockierend, ja traumatisch für einen Menschen ist und das Nervensystem seine Schutzreaktion auf Hochtouren bringt, wird dabei enorm viel Energie bereitgestellt. Wenn die Selbstrettungsaktion aber nicht zum Erfolg führt, und die Energie nicht ausagiert werden kann, bleibt der Mensch gewissermaßen auf dieser Energie sitzen. Sie wird in die Muskeln gedrückt und manifestiert sich dort in einer Daueranspannung. Denn: Energie verschwindet ja nicht, sondern drängt darauf, dass sie umgesetzt wird.

Und diese Muskelspannung setzt sich auf diejenige, die durch die instinktiven Schutzmechanismen sowieso schon ausgelöst wurde, noch obendrauf. So verstärkt sie nicht nur die muskuläre Unflexibilität, sondern presst den Körper wie in eine Zwangsjacke, die die Bewegungsfähigkeit und den Selbstausdruck des Betreffenden noch massiver unterminiert. Dadurch wird der Mensch von der Fähigkeit, sich zu fühlen und wahrzunehmen, abgeknipst, was sich auch noch mit dem Vorgang der vorangegangenen Dissoziation vermischen kann. Das heißt, dass sensomotorische und psychische Funktionen, die normalerweise miteinander im Zusammenhang stehen wie die Selbstwahrnehmung, das Körperempfinden, die Sinnesfunktionen oder die Bewegungen, voneinander abgetrennt, ja, voneinander abgespalten werden.

Dr. Thomas Hanna, der Begründer von *Hanna-Somatics,* hat die Konsequenzen dieser neuromuskulären und sensorischen Anpassungsreaktionen unter dem Begriff „Sensomotorische Amnesie“ zusammengefasst, was nichts anderes heißt, als dass der betreffende Mensch seine sensomotorische Vielfalt tatsächlich „vergisst“. Das passiert, weil entsprechende Regionen im Großhirn, die unsere Bewegungen und unser Empfinden regeln, neuronal nicht mehr in der Lage dazu sind, den Körper angemessen und sinnvoll einzusetzen und ein feinreguliertes und wohltuendes Bewegen zu organisieren.

Und hier kommt noch eine emotionale Komponente hinzu: Während diese überhöhten Muskelspannungen ja auch ein Ausdruck unterdrückter Energie sind, suchen sie fortlaufend nach Entladung. Wie gesagt: Energie verschwindet nicht, sondern will ausgedrückt werden. Und so fällt auf, dass Betreffende schnell wütend werden, ausrasten, streitsüchtig sind und förmlich nach Auseinandersetzungen suchen.

Genauso gut kann sich die Energie aber auch nach innen kehren und selbstzerstörerisch wirken oder sich gegen das Gewebe richten und zu zellulären Schäden führen. All dem liegt zugrunde, dass der betroffene Mensch immer noch unbewusst gegen die Bedrohung kämpft, in diesem Konflikt feststeckt und sich deshalb in einem fortlaufenden inneren Krieg befindet.

Skoliosen

Ein typisches Beispiel, wie eine solche Situation sich verkörpern kann, ist die Entstehung von Skoliosen. Hier manifestiert sich der ursprüngliche Drang, sich aus der Gefahrensituation zu befreien, aber nicht zu können, in einer c- oder s-förmigen Verbiegung der Wirbelsäule. Während solche schutzbezogenen Skoliosen unterschiedliche Ausprägungsgrade haben, ist ihnen gemeinsam, dass die Betreffenden auch weiterhin unbewusst versuchen, sich von dieser somatischen Konfliktsituation abzuwenden, was die rotatorische Komponente an der Wirbelsäule erklärt.

Und dieses Geschehen wird von einer besonderen emotionalen Situation begleitet: Der Konflikt und das muskulär bedingte Zwangsjackengefühl erzeugen starke Emotionen wie Wut, Aggression, Pessimismus, Frustgefühle, Argwohn, Verachtung, Negativität oder Verdruss. Diese werden entweder zurückgehalten und hinterrücks ausgedrückt oder offensiv und anfallsartig ausagiert.

Das erinnert mich an eine Klientin, deren Geschichte ich wohl nie vergessen werde.

Gabriella litt seit ihrer Kindheit an einer starken S-Skoliose. Sie war als Kleinkind viele Male körperlich misshandelt worden und ihr Körper drückte genau das aus: Er organisierte sie nach über zwanzig Jahren noch immer so, als befände sie sich in der frischen Abwehrsituation von damals, in der sie versuchte, sich von dieser wegzudrehen, sich aus ihr zu befreien, aber genau das nie gelang. Deshalb kämpfte sie unentwegt gegen alles und jeden, vor allem aber gegen sich selbst. Weil damals keiner ihrer Behandler die Situation verstand, unterzog man Gabriella im Jugendalter einer Wirbelsäulenoperation. Aufgrund des postoperativen Schutzreflexes führte dies in ihrem Körper zu noch mehr Starre und Kampf. Da der erwünschte Effekt also ausblieb, steckte man sie in ein Korsett, was mit unaushaltbaren Schmerzen verbunden war. „Es war die Hölle", erinnerte sich Gabriella. Sie wusste, dass sie so nicht leben wollte.Und dann machte sie einen Schritt, für den sie sich auf ewig dankbar ist: Als ihr Orthopäde ihr mitteilte, dass sie das Korsett nun durchgängig tragen sollte, bäumte sich etwas in ihr auf. Nein, Korsett ging nicht! Und zum Umbringen fehlte ihr der Mut. Also machte sie sich daran, ihre Situation zu verstehen, und sie befasste sich genau mit den beiden Themen, die sie am meisten geißelten: mit ihrer Starre und ihrer Wut. Sie fing an, nach ganzheitlichen Hilfen zu suchen. Und so fanden wir uns.

Als wir miteinander zu arbeiten begannen, konnte Gabriella sofort nachvollziehen, wie ihr Organismus sie von Grund auf reflexbezogen gesichert hatte. Sie brach mehrere Male in Tränen aus, weil sie plötzlich verstand, was in ihr und in ihrer Wirbelsäule vor sich gegangen war. Da sie die Schutzsituation in ihrem Körper nachvollziehen und im Verlauf ihrer Lebensjahre zeitlich sogar genau „tracken" konnte, negierte sie, dass ihr Mann und einige Freunde sie für verrückt hielten, weil sie an diesen „Selbstschutzunsinn" glaubte.

Heute ist Gabriella schmerzfrei. Die skoliotische Haltung ist immer noch sichtbar, aber Gabriella kann sich gut bewegen und spielt im Sommer sogar Beachvolleyball – eine Sportart, bei der sie ihren Oberkörper wirklich aufrichten können muss. Die Prognose von einem Leben im Korsett sowie die Suizidgedanken gehören der Vergangenheit an.

Postoperative Nachwehen

Obwohl sich hier noch viel mehr zu den spezifischen Folgen der Stress- und Traumareflexe sagen ließe, schlage ich jetzt die Brücke zum postoperativen Traumareflex, der eine besonders delikate Situation im Körper herstellen kann. So hilfreich er ursprünglich auch ist, um die Wundheilung voranzutreiben und die Regeneration nach einem operativen Eingriff zu unterstützen, so massiv können seine Folgen sein, wenn er bleibt. Vorausgesetzt, dass Wundheilungsstörungen und postoperative Schmerzen ausgeblieben sind, zieht sich der Schutzreflex nach Operationen zu einem großen Prozentsatz wieder zurück, sobald die Wunde geheilt ist und das Gewebe sich vernarbt hat. Doch ich habe beobachtet, dass ein Teil der erhöhten Muskelspannungen im Operationsgebiet so gut wie immer bestehen bleibt. Das geschieht, weil sich das Nervensystem um die Sicherheit des einst verletzten Bereichs kümmert und bei einem späteren Eingriff besser gesichert sein will. Aber selbst ein kleiner Prozentsatz der beibehaltenen Muskelspannung reicht hier aus, dass die neuromuskulären Abläufe aus ihrer Balance geworfen werden. Und das führt zu Folgesymptomen wie chronischen Verspannungen, Schmerzen und Neuralgien.

Für den Fall, dass eine Wundheilungsstörung auftritt, verhält es sich noch einmal anders. Dann kann es sein, dass sich der Schutzreflex sogar verstärkt. Das Nervensystem erhöht die Muskelspannung und führt zu den bekannten Engesymptomen in noch größerer Massivität.

Wenn ich mir die Anamnesen meiner Klienten mit chronischen Schmerzen der letzten 25 Praxisjahre ansehe, haben auffällig viele von ihnen in ihrer Geschichte eine körperliche Verletzung erlebt, die operativ versorgt werden musste, aber nie nachbehandelt wurde. Es ist also wichtig, die Auswirkungen des postoperativen Schutzreflexes zu verstehen und alles dafür zu tun, damit sie abklingen können. Genau genommen müsste eine diesbezügliche Nachbehandlung ein selbstverständlicher Teil der postoperativen Nachsorge sein.

In diesem Zusammenhang erinnere ich mich an Petras Situation, die das Gesagte verdeutlicht.

Ich kannte Petra aus meiner Jugendzeit. Sie war die erste aus unserer früheren Clique, die Mutter wurde. Ganz unerwartet rief mich ihr Partner am Tag der Entbindung an. Er hatte Petra am Morgen mit Wehen ins Krankenhaus gebracht, doch man hatte ihn kurz darauf wieder nach Hause geschickt, weil ein Kaiserschnitt notwendig war. Und so begleitete ich ihn später ins Krankenhaus.

Als ich Petra sah, durchfuhr es mich wie ein Blitz. Sie war kreidebleich, wie blutleer, hatte plötzlich angegrautes, statt rötliches Haar, konnte nur ein paar Wortfetzen von sich geben und klammerte sich wie eine Ertrinkende an meine Hand. Der Fall war klar: Petra stand noch immer unter Schock.

Später bestätigte sie das. Sie sagte, dass sie sich so auf ihr Kind gefreut hatte und unbedingt eine normale Geburt erleben wollte. Als der Arzt und die Hebamme sich besorgte Blicke zuwarfen und Petra mit einer knappen Erklärung in den Operationssaal fuhren, wurde sie von Panik erfasst. Niemand erklärte ihr, ob das Kind in Gefahr war – oder vielleicht sogar sie selbst. In dieser Riesenangst wäre sie am liebsten vom OP-Tisch gesprungen und ausgerissen, doch genau in dem Moment, als sie diesen Gedanken fasste, schlummerte sie weg. So war der postoperative Schock vorprogrammiert, denn die Situation erfüllte alle Punkte, die das Nervensystem als höchste Alarmstufe herausfiltern würde: Die Situation kam plötzlich, wurde von Petra als schockierend, lebensbedrohlich und isolativ erlebt. Und darüber hinaus blieb ihr Abwehrversuch, instinktiv wegzulaufen, erfolglos; sie unterlag. Und so tat ihr Nervensystem nach dem Erwachen aus der Narkose alles, damit Petra die Situation bewältigen konnte und hielt sie in einem vernebelten Zustand beschützt.

Und ja: Obwohl sich dieser extreme Schutz später wieder zurückzog und auch ihre Haare wieder Farbe annahmen, stellten sich schon bald massive Unterleibs- und Lumbalbeschwerden ein, die Petra für Jahre loszuwerden versuchte. Besonders während der Menstruation gelang es ihr nur mit stärksten Schmerzmitteln, zur Arbeit zu gehen. Erst als Petra einen Behandler fand, der verstand, dass ihr Nervensystem immer noch in einem Alarmzustand feststeckte, zogen sich ihre Beschwerden zurück.

Degenerative Erscheinungen

Wenn wir uns hier um die Langzeitfolgen der Schutzreflexe kümmern, möchte ich den Fakt erwähnen, dass viele Mediziner und Therapeuten genau diese ab einem bestimmten Alter auch als degenerative, also durch den Verschleiß hervorgerufene Erscheinungen einordnen.

Ein Funken Wahrheit steckt in diesen Aussagen insofern, dass die hohen Muskelspannungen zu Engpässen im Körper führen, einen Dauerdruck auf Gelenke, Wirbel und Bandscheiben ausüben und das irgendwann natürlich auch zur Abreibung oder Zerstörung von Knorpel- und Knochensubstanz führen kann. Dies wird dann im Röntgenbild sichtbar und beispielsweise als Gelenksarthrose oder, wenn es im Bereich der Wirbelgelenke auftritt, als Spondylose bezeichnet.

Doch das hat nichts mit dem Zunehmen der Lebensjahre und „normalen" Abnutzungserscheinungen zu tun. Wenn solche Anzeichen ab einem bestimmten Alter vermehrter auftreten, heißt es nur, dass die Schutzreflexe über viele Lebensjahre aktiv gewesen sind, die Dauerspannungen die Körperfunktionen verändert und so die materielle Substanz von Körperstrukturen beschädigt haben. Ich finde, dass wir den Begriff der Degeneration mit dem Verständnis der Schutzreflexe ganz neu definieren müssen, damit wir die Herkunft der Situation verstehen.

Kompensierte Schutzreflexe

Und jetzt komme ich zu einem Aspekt, der möglicherweise kein leicht zu schluckender ist: Da ich die Schutzreflexe bisher im Einzelnen beschrieben habe, könnte der Eindruck entstehen, dass deren Existenz relativ leicht herausgefiltert werden kann. Doch das ist nicht immer der Fall, weil sich die

Schutzreflexe und ihre Folgen oft nicht in ihrer reinen Symptomatik zeigen. Das liegt daran, weil der betreffende Mensch unbewusst versucht, die Ausdrucksweisen der Schutzreflexe auszugleichen, denn in einer solchen Unausgewogenheit fühlt sich schließlich niemand wohl.

Zum Beispiel liegt es nahe, dass ein Mensch, der durch seine Erfahrungen in einem *Red-Light*-Verhalten steckengeblieben ist, also einen stoppenden, sich zurückziehenden oder auch depressiven Selbstausdruck hat, diesem zu entkommen versucht. Schließlich passt dieser weder in unsere Gesellschaftsstrukturen, wo das Schaffen, Leistenkönnen und Sich-selbst-Darstellen im Vordergrund steht, noch geben sich Freunde oder Kollegen gern mit einem Menschen im Rückzugsmodus ab. Deshalb überlagern die Betroffenen den *Red-Light*-Mechanismus oft mit gegenteiligen Verhalten, richten sich machtvoll auf und geben sich munter, offen und stark. Sie versuchen unbewusst, ihre innere Wahrheit zu übertünchen.

Das Ganze kann man bereits bei Kindern beobachten. Kinder, die unter dem Einfluss des Rückzugsreflexes stehen, aber in einem leistungsorientierten, überaktiven Umfeld aufwachsen, erfahren schnell, dass es nicht honoriert wird, wenn sie sich durchhängen lassen, still oder inaktiv sind. Also versuchen sie das Gegenteil zu beweisen, indem sie unbewusst Aktivität und Stärke demonstrieren und hoffen, dadurch mehr Anerkennung, Liebe und Fürsorge zu erhalten.

Ein ähnliches Kompensieren habe ich selbst kennengelernt. Ich wurde zu früh geboren, sodass mein Körper sein Rückzugsbedürfnis fortlaufend geltend machte. In späteren hypnotischen Regressionen oder auch während Meditationen sah ich mich unentwegt in einer eingekrümmten

Haltung, in der ich nicht bereit war, das Licht der Welt zu erblicken. Doch später, ab einem Alter von sechs Jahren wurde ich im Leistungssport als Turnerin trainiert, und da ging das Einigeln und Zurückziehen nun einmal nicht. Da hieß es „Brust raus, Bauch rein, Schultern nach hinten …!“, wie meine Trainerin immerfort predigte. Und so lernte ich mich aufzurichten. Doch dieses Aufrichten fühlte sich nie wirklich natürlich an. Ohne damals die Hintergründe zu begreifen, nahm ich den Effekt besonders in den Sommerferien wahr, wenn das Training etwas loser gehandhabt wurde, mein Oberkörper sich wieder rundete und ich dessen Aufrichtung immer wieder von Neuem herzustellen hatte. Und dasselbe fühlte ich später, als ich zahlreiche Fortbildungen in somatischen Methoden absolvierte. Da bemerkte ich, wie eine mächtige Kraft in mir gegen die Aufrichtung meines Brustkorbes arbeitete. Und dieses Machtvolle war der verkörperte *Red-Light*-Mechanismus als Ausdruck eines ursprünglich installierten Schutzreflexes, den ich mein Leben lang zu kompensieren versucht hatte. Als es mir gelang, mich zum ersten Mal ohne diesen aufzurichten und zu bewegen, fühlte sich das unendlich befreiend an. Ich hatte nicht geahnt, wie massiv die Kraft war, die mich diese Kombination aus Schutzreflex und kompensatorischer Aufrichtung gekostet hatte.

Wenn wir uns also die Kompensationen der Schutzreflexe ansehen, zeigt sich, dass diese das Nervensystem noch massiver durcheinanderbringen. Indem ein beständiger innerer Konflikt zwischen zwei gegenläufigen Aufträgen existiert, also zwischen den Folgen des Schutzreflexes und deren Kompensation, hat der Organismus so gut wie keine Chance, sich von selbst auszubalancieren. So entsteht ein „Chaos der

Gefühle“ und ein ständig hin und her springender Verstand. Dies oder das? Soll ich oder soll ich nicht? Der Mensch fühlt sich zerrissen, wie in Fragmente zerlegt und befindet sich in einem dauerhaften Konflikt mit sich und der Welt. Er hat vergessen, wie es sich anfühlt, ganz und heil zu sein.

Die Folgen der Folgen hinterfragen

Und hier halte ich einmal an. Ich glaube, dass uns klar geworden ist, wie die Vorgänge des Selbstschutzes im Zentralen Nervensystem zu unserem Vorteil organisiert werden, aber dann, wenn sie bleiben, zu Nachteilen und Folgesymptomen führen. Aber warum habe ich das alles so ausführlich beschrieben? Das habe ich, weil diese Abläufe den meisten Menschen nicht bekannt sind und oftmals auch den Ansätzen widersprechen, nach denen gesundheitliche, emotionale und mentale Symptome eingeordnet und behandelt werden. Natürlich können gesundheitliche Einschränkungen auch andere Ursachen haben, doch meiner Beobachtung nach stehen sehr viele, wenn nicht sogar die meisten der typischen chronischen Symptome unserer Zeit mit wachen Stress- oder Traumareflexen in Verbindung. Wenn dann der symptomorientierte Ansatz verfolgt wird und der Fokus darauf gerichtet ist, die Folgen der Schutzreflexe ohne deren Auslöser zu verstehen, verkompliziert das die Situation immens. Und dieses Geschehen kann in drei Schweregrade eingeteilt werden:

1. Im besten Fall passiert es, dass die Beschwerden erhalten bleiben, weil das Nervensystem sich von Interventionen nicht angesprochen fühlt.

2. Dramatischer wird es, weil sich die Wahrscheinlichkeit, dass sich Symptome verstärken und weitere nach sich ziehen, erhöht. Das Nervensystem bewertet die Gegenmaßnahmen als erneuten Angriff und erhöht die reflexhafte Spannung im Körper.

3. Im schwerwiegendsten Fall kann es zu einer Symptomverlagerung kommen. Das passiert, wenn die therapeutischen Eingriffe so stark sind, dass das Nervensystem keine andere Wahl hat, als sich neue Wege zu suchen, um der inneren Situation Ausdruck zu geben.

Letzteres führt dann zu Symptomatiken, die aus therapeutischer Sicht kaum noch nachvollziehbar sind. Betroffene erhalten keine adäquate Hilfe, sondern verkehrte Behandlungen, unterziehen sich überflüssigen Operationen, nehmen Medikamente zu sich, die nutzlos sind oder ungute Nebenwirkungen haben, oder werden als Hypochonder abgetan.

Und all das können wir auch noch in einen größeren Rahmen setzen. Die Schutzmechanismen zu verstehen, wäre außerdem wichtig, damit wir unser Leben in seiner wirklichen Tiefe genießen können. Denn unter deren Einfluss gelingt es uns kaum, in den vielen Momenten unseres Lebens wirklich präsent zu sein, was heißt, stimmige, authentische, also nicht reaktive Antworten auf eine aktuelle Situation zu finden. Solange wir im schutzbezogenen Schatten der Vergangenheit leben, reagieren wir vorgefertigt und automatisiert auf das Hier und Jetzt, während wir unser aktuelles Leben, das sich direkt vor unseren Augen abspielt, verfehlen. Wir wundern uns nur, warum so vieles schiefgeht, wir vielleicht im permanenten Konflikt mit uns selbst und anderen Menschen sind und es uns schwerfällt, Neues und Unbekanntes mit offenen Armen zu begrüßen.

Auch deshalb liegt mir dieses Buch so sehr am Herzen! Unsere Natur hat uns ein einzigartiges Schutzsystem zur Verfügung gestellt, – aber eins, das verstanden werden muss. Und es ist jetzt an der Zeit, das erlangte Wissen darüber im Sinne unserer Selbstkompetenz und Heilung im realen Leben anzuwenden. Ich gehe sogar so weit zu sagen, dass es gut wäre, wenn dieses zu einem selbstverständlichen Bestandteil unserer persönlichen Selbstpflege und damit zu einem wahren Gamechanger in Bezug auf das herkömmliche Gesundheitsverständnis wird.

2 | Vom Reflex zur Reflexion: Die Auflösung der inneren Selbstschutzmechanismen

Dem Primären Selbstschutzfaktor folgen und die ersten drei Selbstschutzschritte setzen

Wenn wir uns die Konsequenzen der inneren Schutzreflexe für den Körper ansehen, entsteht natürlich automatisch die Frage, was wir mit all diesem Wissen nun anfangen. Nicht selten beschäftigt Klienten, Workshopteilnehmer oder *BodyWareness*-Trainees die Frage, ob sich das Rad denn überhaupt zurückdrehen und die Verkörperung der Schutzreflexe auflösen lässt? Reicht unsere Lebenszeit dafür aus, die so massiv eingefahrenen Mechanismen im Nervensystem zum Rückzug zu bewegen, besonders dann, wenn diese seit der frühen Kindheit aktiv gewesen sind? Und für den Fall, dass es möglich ist: Wie machen wir das? Wie gehen wir das an?

Um die grundlegende Frage zu beantworten: Ja, es ist möglich. Das habe ich in meinen fast drei Jahrzehnten Praxis ungezählte Male erlebt. Und das mag im Gegensatz zu Aussagen stehen, dass eine Regeneration so gut wie unmöglich ist, aber auch zu Versprechen, dass eine Behebung der Situation mit bestimmten Methoden im Handumdrehen gelingt. Und ja. Sie kann tatsächlich gelingen, aber aus meiner

Erfahrung heraus nur dann, wenn wir dem eigenen Nervensystem gut zuhören und unser neues Wissen über die Entstehung der Schutzmechanismen konsequent anwenden.

Und da möchte ich gleich ein grundlegendes Tool einführen, durch das wir die Weichen sofort in eine somatisch fundierte Richtung stellen: Ich nenne es den *Primären Selbstschutzfaktor.* Dieser bezieht sich darauf, dass wir mit allen Impulsen, die wir unserem Nervensystem zukünftig anbieten, nur eine einzige Absicht verfolgen, nämlich ihm zu signalisieren, dass die Gefahr vorbei und seine Alarmhaltung unnötig geworden ist. Unsere Grundbotschaft ans Gehirn muss bei allem, was wir von jetzt an tun, lauten: „Ich bin sicher und deshalb brauchst du mich aufgrund alter Erfahrungen nicht mehr zu beschützen." Und diese Botschaft schließt alle Handlungen ein, die wir tätigen, alle Entscheidungen, die wir treffen, und die therapeutische Hilfe, die wir uns möglicherweise suchen. Insofern ist der *Primäre Selbstschutzfaktor* ein wahrer Weichensteller, der unseren Fokus vom Überflüssigen abzieht und auf das Wesentliche lenkt.

Während es natürlich auch möglich ist, sich für die Revision der Schutzreflexe professionelle Hilfe zu suchen, konzentriere ich mich im Rahmen dieses Buches auf das Erweitern unserer persönlichen somatischen Selbstkompetenz, die das Zurückziehen der Schutzmechanismen einleitet und unterstützt. Obwohl ich von meinen Klienten weiß, dass sich besonders Betroffene mit wachen Traumareflexen mit einer therapeutischen Begleitung oft aufgehobener fühlen, geht es mir hier vorrangig um das Verinnerlichen eines neuen Verständnisses, mit dem wir uns selbst vor dem Hintergrund wacher Schutzreflexe adäquat begegnen können.

Also noch einmal: Mit der Frage, wie wir mit den Folgen der Schutzreflexe verfahren, behalten wir im Fokus, dem Gehirn fortlaufend zu signalisieren: „Du kannst dich entspannen und deine Alarmhaltung aufgeben. Die Gefahr ist vorbei."

Aus Erfahrung kann ich sagen, dass allein das Verfolgen dieser inneren Ausrichtung oftmals bereits einen Wendepunkt hinsichtlich der gesamten Selbstwahrnehmung einleiten kann. Wenn wir den *Primären Selbstschutzfaktor* nämlich konsequent umsetzen, wird die Beziehung zu unserem Körper auf der Stelle eine freundliche und ihm zugewandte sein. Und das verändert vieles zum Positiven hin, und zwar massiver, als wir denken mögen.

Die Zeit des Erwachens

Bevor ich zu weiteren konkreten Schritten komme, möchte ich alles, was jetzt vor uns liegt, kurz in die Geschichte des Menschseins einordnen. Das finde ich wichtig, weil es uns noch besser verstehen lässt, an welchem Punkt wir uns gerade befinden. Und da habe ich eine gute und eine sich weniger gut anhörende Nachricht.

Die sich weniger gut anhörende ist, dass wir uns als Teil der Menschheit bis jetzt vorrangig auf der instinkthaften, reaktiven Stufe bewegt haben und über diese noch nicht nennenswert hinausgekommen sind. Wenn wir auf den Entwicklungsstand des physischen und seelischen Gesundseins des Menschen schauen, müssen wir feststellen, dass wir – mit ein paar Ausnahmen hier und da – noch nicht weiter gekommen sind, als Kinder in ihren frühen Lebensjahren zutiefst zu konditionieren, sodass deren Nervensysteme keine andere Wahl haben, als sich im permanenten Schutz zu organisieren. Wir haben uns immer noch mit dem verbreiteten Irrtum auseinanderzusetzen, dass Kinder und junge Menschen kontrolliert und in die Wertvorstellungen der Erwachsenen und der Masse eingepasst werden müssen.

Deshalb finden wir in den Industrienationen auch so immens viele Menschen, die von Schutzreflexen betroffen sind, weil diese in ihrer Kinder- und Jugendzeit lebensnotwendig waren. Diese mögen zwar in unterschiedlichen Intensitäten auftreten und das persönliche Befinden in verschiedenen Graden beeinträchtigen. Aber es ändert nichts daran, dass wir Menschen des 21. Jahrhunderts noch nicht wirklich über die Stufe der Schutzbedürftigkeit und der daraus entstehenden Reaktivität hinausgewachsen sind. Vielmehr hatten wir uns bisher immer noch mit den Folgen einer von Unbewusstheit dominierten Vergangenheit auseinanderzusetzen und den Werten der Nachkriegszeit Paroli zu bieten. Die Geschichte des Menschen war bisher zu unsensibel, zu derb, zu hart. Und sie war vor allem kollektiv, was bedeutet, kaum individuell.

Das alles heißt nichts anderes, als dass es den Menschen, dessen Körper frei von manifestierten Selbstschutzmechanismen ist, so gut wie nicht gibt. Der kanadische Arzt, Autor und Traumaexperte Dr. Gabor Maté stellt heraus, dass es verkehrt ist, wenn wir sagen, manche Menschen seien normal und andere unnormal. Seiner Auffassung nach befinden wir uns alle irgendwo auf dem „Spektrum des Verwundetseins“. Und dieses bringt mit sich, dass wir uns mit vielen gesundheitlichen Beschwerden und gefühlsmäßigen Problemen auseinanderzusetzen haben, die unserer Vergangenheit entsprungen sind.

Und das sollte wirklich tief in uns einsinken: Diese Verletzungen haben wir, weil die Reife unserer Gesellschaft, die man an der Höhe des Bewusstseins der Menschen messen kann, einfach noch nicht größer ist. Tatsächlich befinden wir uns erst in einer Phase des leisen Erwachens. Und in dieser haben wir immer noch Pionierarbeit zu leisten, wenn wir die entstandene Situation verändern wollen.

Für den Fall, dass Stress- und Traumareflexe nicht aus den frühen Lebensjahren stammen, sondern durch Erfahrungen im Erwachsenenalter verursacht wurden, ist die Sachlage zwar etwas anders, aber nicht weniger prägnant. Die Frage, wie wir der Existenz von Selbstschutzreflexen somatisch sinnvoll begegnen, spielt in der Medizin- und Therapielandschaft bisher noch keine gravierende Rolle. Das kann bedeuten, dass wir mit unserem Körper, wenn er chronische Symptome hat und diese mit wachen Schutzreflexen zusammenhängen, auf uns selbst gestellt sind. Ich sage das nicht gern, aber es ist tatsächlich ein Glücksfall, wenn wir adäquate Hilfe erhalten. Unser allopathisches Medizinsystem mit seinem symptomfokussierten Ansatz ist hier nicht nur an seine Grenzen gestoßen, sondern längst zu einer Begrenzung geworden.

Und wie das in einer Aufwachphase typisch ist, wird uns jetzt überhaupt erst einmal bewusst, was alles schiefläuft und wie viel Aufklärung es noch braucht. So gibt es immens viele Menschen, die ihr Leben unter dem Einfluss chronischer Erkrankungen und Symptome, stets wiederkehrender Verhaltens- und Emotionsmuster, Langzeitdiagnosen und Dauerstress verbringen und vergeblich auf Hilfe hoffen. Ein Wort, das in den letzten Jahren immer häufiger benutzt wird, ist „austherapiert“. Schlimm, oder? Ich denke, dass wir dieses Label keinem einzigen Menschen verpassen sollten.

Wenn wir das alles in Betracht ziehen, ist es gut, wenn wir uns nicht überfordern und von uns nicht zu viel Heroisches erwarten. Die veralteten Ansichten der Vergangenheit sitzen uns allen immer noch tief in den Knochen, lasten auf unseren Seelen und besetzen unsere Zellen. Deshalb empfinde ich es als absolut wichtig, dass wir mit liebevollen Augen auf uns selbst und unsere persönlichen Lebensgeschichten schauen.

Selbstverständnis wagen

All das legt nahe, dass die selbstgeführte Beschäftigung mit den Schutzreflexen durchaus ein Schritt ins Ungewohnte sein kann. Schließlich autorisieren wir uns hier zu einem Vorgehen, bei dem wir unserem Eigengefühl und der Intelligenz unseres Körpers vertrauen müssen.

Und dazu braucht es natürlich auch Mut. Es braucht sogar ziemlich viel Mut, weil wir die Eigenverantwortung für unseren Körper immer mehr selbst übernehmen. Und auch darin sind viele von uns nicht geschult.

Die meisten Menschen haben beigebracht bekommen, die Verantwortung für ihre Gesundheit an andere abzugeben, an Ärzte, Therapeuten, die Krankenkassen oder den Spezialisten. Dem Reparaturdenken folgend hoffen sie auf Besserung, so wie es ja auch bei einem kaputten Auto funktioniert. Da verlassen wir uns darauf, dass es der Monteur schon richten wird. Doch der Körper mit seiner Innenwelt ist eben etwas anderes als ein Fahrzeug. Wenn es um seine „Reparatur“ geht und wir entscheiden sollen, wie wir uns in Bezug auf Symptome und Beschwerden verhalten, können wir die Verantwortung nicht einfach abgeben. Da haben wir zuerst einmal selbst zu entscheiden, wie wir mit diesen verfahren möchten, weil unser Körper lebendig ist und nur wir ihn fühlen und wahrnehmen können. Deshalb weiß ich, dass es keine Kleinigkeit ist, wenn ich hier zu mehr Selbstkompetenz im Umgang mit dem eigenen Organismus ermutige.

Eine neue Ära

Und jetzt zu der guten Nachricht, die ich angekündigt hatte: Gleichzeitig zeichnet sich seit mehreren Jahren eine deutliche Tendenz zu einer grundsätzlichen positiven Veränderung ab. Immer häufiger höre und lese ich von Medizinern und Wissenschaftlern, von talentierten Lehrern auf dem Gebiet der Psycho-, Trauma- oder Körpertherapie, ja von Befürwortern einer „Neuen Medizin", dass sie sehr andere Fragen in die öffentliche Diskussion einbringen, als es beispielsweise noch vor 20 Jahren der Fall gewesen ist. Noch nie zuvor wurde so direkt und nachdrücklich hinterfragt, woran es denn wirklich liegt, dass so ein großer Prozentsatz der Menschen chronische gesundheitliche Probleme hat, obwohl die Wissenschaft, die Medizintechnik und die Pharmazie sich so rasant weiterentwickelt haben und unser Lebensstandard gestiegen ist. Erforscht wird, warum sich so viele Menschen mit massiven traumatischen Erfahrungen, die ihnen in ihrer Geschichte zugefügt wurden, auseinanderzusetzen haben, obwohl wir als Menschheit reifer geworden sind. Und immer häufiger wird auch die Sinnhaftigkeit unseres modernen Lebensstils und die Leistungsobsession infrage gestellt, die vielen Menschen nichts als Dauerstress bereiten und der Wegbereiter vieler chronischer Erkrankungen sind. Solche und andere Fragen werden laut und haben gewissermaßen eine „somatische Revolution" entfacht. Und diese ist nicht nur spannend, sondern immens wichtig und wunderbar!

Das ist sie, weil wir dadurch mehr in der Tiefe unseres Organismus, also im Unterbewusstsein zu forschen beginnen und unserer inneren Wahrheit auf die Sprünge helfen. Wir wagen es, Fakten zu benennen, die wir in der Vergangenheit lieber nicht angefasst haben, und erlauben es uns, in die Hoheitsgebiete der allopathischen Medizin einzudringen und uns selbst zum Erlangen eines ganzheitlichen Gesundheitsverständnisses zu autorisieren. Immer mehr Menschen sind stärker als je zuvor bereit, hinter die Kulissen zu schauen und das dort Gefundene zu entblößen. Und dadurch wird uns vieles bewusster, oder sagen wir es so: Weil wir bewusster werden, haben wir vor der Entblößung von Tatsachen immer weniger Angst. Wir leisten es uns, die Wahrheit ans Licht zu bringen.

Und dadurch fühlen wir uns auch mehr zu Maßnahmen und Methoden hingezogen, die genau das tun. Beispielsweise hat die Hypnose, um die es später noch gehen wird, erst in den letzten zwei Jahrzehnten zu einer wirklichen Akzeptanz gefunden. Dass Klienten sich für die Selbsthypnose interessieren und sich nach dieser erkundigen, wäre vor noch nicht allzu langer Zeit unvorstellbar gewesen. Dasselbe trifft auf das Fachgebiet der Somatik zu, in dem es darum geht, den Körper von innen heraus wahrzunehmen und das so Erfasste zum Leitmotiv des äußeren Handelns zu nutzen. Oder nehmen wir den Begriff der Neurodiversität, ursprünglich geprägt durch die Soziologin Judy Singer, durch dessen Verbreitung immer mehr anerkannt wird, dass Gehirne individuell funktionieren, Informationen auf unterschiedliche

Weise statt „typisch“ und „normal“ verarbeiten und Menschen sich deshalb auch auf unterschiedliche, nicht uniforme Weise ausdrücken. Oder denken wir an die Meditation. Ich kann mich noch gut daran erinnern, dass allein das Wort noch vor drei Jahrzehnten oft für ein Stirnrunzeln sorgte und Meditierende als Spinner abgetan wurden, während man heute in der ganzen Welt meditiert. Tatsächlich sind wir erst jetzt reif dafür geworden, unser Bewusstsein in unsere Körper- und Selbstpflege einzubinden.

Super: Die Forschung zieht mit!

Und so ist es auch kein Zufall, dass die Zuarbeit zum Thema Selbstschutz aus verschiedenen Forschungsrichtungen kommt: Da ist die Trauma- und die Stressforschung, die sich mit der Langzeitwirkung der überlebensbezogenen Schutzreflexe auf das Zentrale Nervensystem befasst. Da ist die Psychoneuroimmunologie, die untersucht, wie unsere psychische und unsere neuronale, also das Nervensystem betreffende Situation unsere Gesundheit und immunologische Abwehr beeinflusst – und umgekehrt. Da gibt es ungezählte Studien der Neuro- und Meditationsforschung, die aufzeigen, welch positiven Einfluss bewusstseinsbildende Maßnahmen auf unser Gehirn und damit auf unseren gesamten Organismus nehmen. Es ist die „Funktionelle Medizin“ entstanden, die sich um die Abläufe im Inneren des Menschen kümmert und deren Zusammenhänge verfolgt. Basierend auf diesen neuen Erkenntnissen haben sich viele bestimmte Therapieformen wie beispielsweise das *Somatic Experiencing*, die *Polyvagale Theorie*, *TRE®* oder andere traumasensitive Ansätze etabliert, bei denen wir davon ausgehen können, dass die Mechanismen der Schutzreflexe verstanden werden.

All diese Veränderungen führen dazu, dass wir Menschen die Vorgänge in unserem Organismus immer besser verstehen und uns so von einem reaktiven, durch die Vergangenheit geprägten Leben verabschieden. Stattdessen fühlen sich immer mehr Menschen zu einer Lebensweise hingezogen, die auf Selbstreflexion, Achtsamkeit und Bewusstsein beruht.

Klar. Wenn wir uns anschauen, was in dieser Welt momentan vor sich geht, mag das nicht den Eindruck erwecken, dass wir Menschen uns auf dem Weg des Reifens und Erwachens befinden. Und ich weiß auch nicht, ob die bewussten Kräfte auf diesem Planeten stark genug sind, um unsere Zukunft wirklich intelligenter zu gestalten. Aber das ändert nichts daran, dass es immer wieder passionierte, kluge und mutige Wegbereiter gibt, die mit ihrem Fachwissen, ihren Erkenntnissen und ihrer persönlichen Weisheit einem natürlichem Gesundheitsverständnis zur Geburt verhelfen. Die Zeit für eine neue, bewusste Medizin und eine menschliche Gesundheitsfürsorge ist mehr als reif. Indem sie bereits jede Menge Rückenwind erhält, bahnt sie sich ihren Weg in die Öffentlichkeit.

Wenn wir uns hier also eingehender um das Zurückfahren der Schutzreflexe kümmern, sollten wir all das im Auge behalten. Je nachdem, aus welchem Blickwinkel wir darauf schauen: Wir müssen noch oder: wir dürfen schon – wertvolle Pionierarbeit leisten.

Der Primäre Selbstschutzfaktor in Aktion

Wenn ich jetzt aufzeige, wie wir einen somatisch sinnvollen Umgang mit den Folgen der Schutzreflexe gestalten und so zu einer größeren inneren Selbstkompetenz gelangen können, knüpfe ich gleich noch einmal an die grundlegende

Herangehensweise, also an die Umsetzung des *Primären Selbstschutzfaktors* an: Wir verfolgen mit allen Impulsen, die wir uns geben, nur eine einzige Absicht, nämlich das Nervensystem über das Ende der Gefahr zu informieren. Und mit allen Impulsen meine ich hier wirklich ALLE. Unser Gehirn als Dirigent unseres Nervensystems unterliegt zutiefst eingefahrenen Mechanismen, sodass es mit durchgängigen und klaren Informationen davon überzeugt werden muss, dass es seine Alarmfunktion vernachlässigen kann. Das heißt, dass wir ausschließlich alle Reize und Impulse, die wir setzen, alle Anwendungen und Maßnahmen, die wir an unseren Körper herantragen, und alle ihn betreffenden Entscheidungen dieser Intention unterwerfen.

Und das können wir auch in eine einzige praktikable Frage kleiden, die wir uns so oft wie möglich stellen: „Wie antwortet mein Nervensystem darauf, wie ich jetzt gerade entscheide, mit mir umgehe und mich ausdrücke?" Wenn wir diese Frage in all unsere Alltagssituationen tragen, geht es gar nicht anders, als dass wir automatisch mit unserem Nervensystem zu kooperieren beginnen und durch die Art und Weise, wie wir uns selbst begegnen, keine widersprüchlichen Reize setzen. Also verinnerlichen wir den *Primären Selbstschutzfaktor* jetzt so sehr es geht!

Aus der Nähe betrachtet veranlassen wir damit ja, dass das Nervensystem seine einst installierte Alarmhaltung wieder verlernt. Und wie verlernen, ja, vergessen wir angeeignete Reaktionsmuster? Das geschieht zum einen, indem wir uns die Unbrauchbarkeit der entstandenen Situation bewusst machen, was die Aufmerksamkeitszentren in unserem Gehirn sofort aktualisierter arbeiten lässt. Und wir verlernen außerdem, indem wir dem einst Verinnerlichten ein Update hinzufügen und bessere, gesündere und sich natürlich anfühlende Erfahrungen machen. Diese speisen unser Gehirn mit andersartigen, positiven Informationen und haben die Kraft, alte Mechanismen zu überschreiben.

Hier stimme ich dem Traumaexperten Dr. Bessel van der Kolk vollkommen zu, wenn er den Fokus darauf lenkt, das „*Survival Brain*", also das sich im Alarmzustand befindliche Gehirn mit Erfahrungen zu versorgen, die seinem Überlebensmodus widersprechen. Wenn wir es auf entspannte Weise benutzen, ohne dass es sich um unsere Sicherheit zu sorgen braucht, kann es sich auf Dauer auch wieder anders, neuronal besser und funktionstüchtiger „verkabeln". Deshalb hört man im Zusammenhang mit der Revision der Schutzreflexe auch immer öfter den englischen Begriff des *Rewiring* oder der *Rewire-Therapie.*

Wenn wir uns hier also als Erstes klarmachen, dass alles, was wir für unser Heilsein tun, eine klare Botschaft ans Gehirn sendet, haben wir einen richtig guten Start hingelegt! Und mit diesem beginnen wir, selbstbeschützend tätig zu werden, ja, die Verantwortung für unseren Selbstschutz in die eigenen Hände zu nehmen.

Die drei ersten Selbstschutzschritte

Werden wir jetzt noch konkreter, indem wir zu den *drei ersten Selbstschutzschritten* kommen, die eine Schlüsselfunktion beim Auflösen der Schutzmechanismen innehaben.

Schritt 1:
Grundlegend ist, die Existenz der Selbstschutzmechanismen im Körper zu erkennen, damit wir überhaupt

einen Zugang dazu erhalten, was in unserem Inneren konkret abläuft, und dadurch handlungsfähig werden.

Schritt 2:
Darüber hinaus geht es darum, die Existenz der Schutzreflexe anzuerkennen und ihnen ihre Daseinsberechtigung zu versichern.

Schritt 3:
Schließlich ist es wichtig zu verinnerlichen, dass die Selbstschutzreflexe unseren gesamten Organismus betreffen und wir sie nur auflösen können, wenn wir diesem als einem geschlossenen System begegnen.

Und diese *drei ersten Selbstschutzschritte* schauen wir uns jetzt genauer an.

1. Selbstschutz erkennen

Wenn es zunächst darum geht, die Existenz von Selbstschutzreflexen überhaupt erst einmal zu erkennen, entspricht das dem Bereiten des Nährbodens für etwas, das wir anpflanzen, was aber erst später blüht.

Im ersten Kapitel habe ich bereits beschrieben, mit welchen Merkmalen und Folgeerscheinungen sich die Selbstschutzmechanismen äußern können und das hat vielleicht schon zu einem Wiedererkennungseffekt geführt. Doch für den Fall, dass noch Zweifel bestehen, ob der eigene Organismus von wachen Schutzmechanismen bestimmt wird, fasse ich im Folgenden typische Anzeichen zusammen, die für deren Anwesenheit sprechen. Auch wenn diese Aufzählung nicht vollständig ist, gibt sie uns ein Gefühl dafür, wie sich die Reaktivität eines automatisierten, von Schutzreflexen geprägten Nervensystems äußert. Diese Aufzählung kann wie eine Checkliste benutzt werden, in der die Punkte ankreuzbar sind.

Wache Selbstschutzreflexe äußern sich wie folgt:

- O Symptome, emotionale Tiefs und gesundheitliche Herausforderungen wiederholen sich fortlaufend oder solche, die schon einmal verschwunden waren, flammen immer wieder auf.
- O Heilversuche, Therapien und Maßnahmen schlagen nicht oder nur für kurze Zeit an. Es entsteht das Gefühl, sich immer nur im Kreis zu drehen.
- O Verhaltens- und Entscheidungsmuster, wie Kampf- und Verteidigungsverhalten, Rückzug, Abkapselung, Isolation und Starre verhärten sich und beeinträchtigen die Lebensqualität.
- O Der eigene Energiehaushalt ist unentwegt „im Keller", was zu Kraftlosigkeit, Müdigkeit und Erschöpfung oder sogar zu einem Burnout führen kann.
- O Die gefühlsbezogene Spielbreite anderen Menschen gegenüber ist massiv begrenzt und untergräbt die Beziehungen zu ihnen.
- O Eingefahrene Glaubenssätze, Meinungen oder Ansichten sind so stark, dass sie „bis aufs Messer" verteidigt und nie verlassen werden.
- O Das Ansprechen persönlicher Themen, konfliktträchtiger und wunder Punkte wird vermieden und vollkommen ignoriert.

- Sucht- und Genussmittel oder kurzzeitig Vergnügen bringende Aktivitäten werden zum Ablenken benutzt, aber gleichzeitig verteidigt und rationalisiert.
- Es besteht eine hohe Reaktivität, die sich oft unproportional in Bezug auf eine Situation verhält.

Wichtig ist hier, typische Vorgänge zu erkennen, die wir wie automatisiert und musterhaft wiederholen. Das heißt auch, sie mitten im aktuellen Leben herauszufiltern und – das ist wichtig! – ohne den Versuch einer Bewertung stehenzulassen. Das kann mit einem inneren „Aha" verbunden sein, wie zum Beispiel mit: „Aha, da ist es wieder …" oder: „Aha, das kenne ich schon …" oder: „Aha. Jetzt läuft es wieder genauso ab …" Das ist das eine.

Darüber hinaus können wir Aufschluss über die Existenz von Selbstschutzreflexen erhalten, wenn wir uns näher anschauen, wie das persönliche Verhältnis zum Thema Sicherheit ausfällt und wie groß unsere Schutzbedürftigkeit ist. Auch das gibt uns Anhaltspunkte, ob wir im Survivalmodus steckengeblieben sind. Merkmale dafür, dass wir immer noch ums Überleben kämpfen, können so aussehen:

- Es dominiert das Empfinden, sich grundsätzlich existenziell unsicher oder sogar bedroht zu fühlen.
- Das Nervensystem reagiert ängstlich und panisch, wenn sich etwas als sicher und dauerhaft Geglaubtes zu verändern beginnt.
- Das Thema des finanziellen und persönlichen Abgesichertseins hat im Leben die oberste Priorität.
- Es existiert der Glaube, dass materieller Besitz automatisch Sicherheit gibt.

- Wichtige Entscheidungen wie die Berufswahl oder die Art zu leben werden so getroffen, dass man „auf Nummer sicher geht“.
- Gedanken, Wünsche oder Sehnsüchte müssen sich dem Rationalen unterordnen, um auf „der sicheren Seite“ zu sein.
- Das eigene Sicherheitsbedürfnis nimmt mit jedem Lebensjahr zu.

50 Prozent!

Anhand der beiden Checklisten mag es uns noch besser gelingen, die Existenz von Schutzreflexen und deren Auswirkungen herauszufiltern. Und jetzt kommt's: Wenn uns dieses Erkennen gelingt, haben wir bereits fünfzig Prozent der Hauptarbeit geleistet. Fünfzig Prozent! Und das hat mehrere Gründe.

Es hängt einmal damit zusammen, dass dieses Erkennen ja nur durch eine eingehende Selbstbeobachtung möglich war. Das heißt: Wir haben unseren Fokus auf uns gerichtet und uns mit uns selbst befasst. Und das ist ja das, was für viele Menschen, die unter dem Einfluss von Schutzreflexen stehen, so unsagbar wichtig, aber eben nicht selbstverständlich ist. Im Gegenteil. Je nach Ausprägung richtet sich der Fokus zumeist auf das Äußere, weil die Priorität im Kontrollieren, Bewältigen und Absichern des Außen besteht. Zudem wird oft unbewusst befürchtet, dass eine Kontaktaufnahme mit der Innenwelt eine Konfrontation mit Unangenehmem auslösen könnte. Wenn es nun also geschieht, dass wir uns selbst eingehender beobachten und die Wirkung der Schutzreflexe zu erkennen beginnen, ist das ein großer und wichtiger Schritt!

Darüber hinaus löst dieses bewusste Beobachten sofort eine entsprechende Aktivität im Gehirn aus. Wenn das Erfasste mit der Erkenntnis verbunden ist, dass wir uns um uns selbst kümmern und gut für uns sorgen, wird das vom Gehirn als wohlwollend registriert. Das führt wiederum dazu, dass es den Grad unserer Schutzbedürftigkeit überprüft.

Und nun komme ich zu einem Punkt, der aus neurophysiologischer Sicht einer der wichtigsten ist: Während wir uns beobachten und wahrnehmen, bemerken wir ja gewissermaßen automatisch, dass etwas unstimmig ist und fragen uns, wie es anders, besser, leichter, angenehmer oder entspannter sein könnte. Und so beginnen wir bewusst oder unbewusst, die innere Situation nachzubessern, für uns stimmiger zu gestalten und auszugleichen. Und das bringt nicht nur mit sich, dass wir uns graduell wohler fühlen, sondern dass sich die Sehnsucht danach immer mehr in den Vordergrund unseres Bewusstseins schiebt.

Es hat also eine konkrete neurobiologische Grundlage, wenn ich sage, dass das Erkennen der Schutzreflexe bereits fünfzig Prozent der Ernte ausmachen. Heißt auch: Wir sind bereits megagut unterwegs!

2. Das Anerkennen

Sobald wir beginnen, die Anwesenheit und Ausdrucksformen der Selbstschutzreflexe im Körper zu erkennen, folgt der zweite der *drei ersten Selbstschutzschritte:* das Anerkennen ihrer Existenz. Und diesen Schritt können wir auf sehr simple Weise umsetzen, nämlich indem wir einfach in einen inneren Dialog mit dem Körper treten, der folgendermaßen lauten könnte:

- „Okay, jetzt verstehe ich dich … Jetzt verstehe ich, was mit dir all die Jahre losgewesen ist."
- „Jetzt weiß ich, warum …, warum du immer wieder in denselben Schleifen gefangen gewesen bist, warum du mich immer auf dieselbe Weise hast empfinden lassen …"
- „Jetzt ist mir klar, warum ich bestimmte Gewohnheiten einfach nicht loslassen konnte, egal, was ich versucht habe …"
- „Jetzt verstehe ich, was mit mir im Stress passiert."
- „Jetzt fällt es mir wie Schuppen von den Augen, warum du nach dem medizinischen Eingriff oder einer Behandlung nicht anders reagieren konntest."
- „Jetzt verstehe ich, wie es dazu kam, dass …"
- „JA, JETZT VERSTEHE ICH."
- „Und!!! Ich verstehe es nicht nur, sondern ICH FÜHLE es auch; ich kann dieses Verständnis tief in mir drin spüren. Und genau dort, wo ich es spüren kann, lege ich eine Hand oder beide Hände hin und lasse sie dort für ein paar Momente ruhen."

Und damit sind wir bereits mitten im Prozess des Anerkennens. Wenn wir eine solche Kommunikation mit dem Körper führen und immer mehr vertiefen, ist die Chance groß, dass entstandene Schutzreaktionen, wie auch immer sich diese äußern, aufweichen dürfen.

Dabei ist mir natürlich klar, dass dieser zweite Schritt es je nach persönlicher Lage durchaus in sich haben kann. Wenn wir die Resultate einer vergangenen Situation anerkennen wollen, heißt das ja auch, zu akzeptieren, was zu deren Existenz geführt hat, einschließlich dem, was sich unangenehm angefühlt, wehgetan, geschmerzt, uns geängstigt, verletzt, unsicher oder krank gemacht hat. Puh! Und das ist oftmals nicht von heute auf morgen getan.

In diesem Fall schlage ich vor, das Thema des Anerkennens vorerst nur im Auge zu behalten und nichts zu pushen. Vielmehr räumen wir uns mit aller Freundlichkeit uns selbst gegenüber die Möglichkeit ein, dass die eigene Fähigkeit, die Schutzreflexe und deren Folgen anzuerkennen, mit der Zeit wachsen darf.

An dieser Stelle möchte ich kurz von Nina erzählen, einer Klientin, die ich nach einer Brustoperation therapeutisch begleitet habe und bei der genau dieser Anerkennungsprozess der Schlüssel zur Heilung war.

Der operative Eingriff hatte sich als schwierig herausgestellt, sodass es auch Komplikationen mit der Wundheilung gab. Das schmerzende Lymphödem am Arm führte dazu, dass sie mit 48 Jahren berentet wurde, weil sie ihren Beruf als Physiotherapeutin nicht mehr ausüben konnte.

Als wir miteinander zu arbeiten begannen, sah ich, dass der postoperative Traumareflex mit einem ausgeprägten *Red-Light*-Mechanismus aktiv war, der im kompletten Rückzug lag. Durch regelmäßige Sitzungen kamen wir so weit, dass Nina eine grundlegende Beweglichkeit im Operationsgebiet wiedererlangte, das Ödem abklang und Schmerzen nur noch gelegentlich in der Nacht aufflammten.

Interessant waren zwei Dinge: Zum einen nahm Nina in ihrem Organismus die ganze Zeit über so etwas wie eine „übermutterartige Wache“ wahr, wie sie sagte.

Und diese sträubte sich und kreischte regelrecht auf, wenn Nina gegen die Situation anzukämpfen versuchte. Diese begann sich erst dann zurückzuziehen, als Nina anfing, sich nicht mehr gegen das Geschehene zu wehren, den Groll über den Verlust ihres Berufes abzubauen und die Situation, so schmerzhaft sie auch war, anzuerkennen. Erst mit dieser Akzeptanz geschah es, dass es sich in Nina wieder aufhellte und wieder Licht in ihr Leben kam.

Das Anerkennen einer aus dem Selbstschutz hervorgegangenen Situation braucht mitunter etwas Zeit. Ja. Aber es ist einer der wichtigsten Schritte, damit der Rückzug der Schutzreflexe eine reale Chance erhält.

3. Der Mensch ist ein Organismus

Und damit komme ich zum dritten *der ersten drei Selbstschutzschritte.* Dieser besteht darin, wirklich eingehend zu verinnerlichen, dass die Schutzreflexe den gesamten, ja den ganzen Organismus in seinem Funktionieren beeinflussen. Das heißt, dass wir uns, wenn wir das Auflösen der Schutzreflexe veranlassen möchten, als einen ganzen Menschen ansprechen und die Trennung zwischen dem rein Körperlichen, dem Mentalen und dem Seelischen fallenzulassen haben.

Das klingt logisch und liegt aus physiologischer Sicht auch auf der Hand. Und dennoch ist es nicht selbstverständlich. Die Ansicht, Vorgänge in rein körperliche, mentale und psychische einzuteilen, hat in dem herkömmlichen Medizin- und Menschenverständnis und der vom Körper isoliert betriebenen Psychologie eine lange Geschichte, sodass sie im Denken vieler Menschen so etwas wie eingraviert ist.

Zumeist wird ganz selbstverständlich davon ausgegangen, dass es rein körperliche Prozesse gibt, die von mentalen abgetrennt sind, und dass unsere Psyche, deren Sprache in Emotionen und Gefühlen besteht, etwas vom Körper und vom Denken Separiertes ist. Doch dabei handelt es sich um einen fundamentalen Irrtum, weil es solche Trennungen in unserem Organismus nirgendwo gibt.

Wenn wir uns die Anatomie des Zentralen Nervensystems hernehmen, können wir uns das ganz leicht vor Augen führen. Dann sehen wir nämlich, dass dessen Nervenbahnen, seine Stränge, Äste und Zweige den gesamten Organismus durchziehen und mit dem Gehirn als übergreifende Kommando- und Kontrollzentrale nahtlos verbunden sind. Über diese Wege geschieht also eine konstant ablaufende Informationsübermittlung – vom Gehirn in die Peripherie und der Peripherie zum Gehirn. Und das kann die Idee von Trennwänden, die das Körperliche vom Mentalen oder Psychischen abschirmen, nur ad absurdum führen.

Unser innerer Globus

Und so schließt der Körper, also das „Somatische", das „Körperliche" oder „Verkörperte", auch unsere Gedanken ein. Diese sind vereinfacht gesagt nichts anderes als neuronale Informationsübertragungen, die genauso wie andere Signale im Gehirn verarbeitet und in die Gesamtheit der inneren Vorgänge einbezogen werden. Würden wir glauben, dass unsere Gedanken etwas Nichtkörperliches, also vom Rest des Körpers Getrenntes sind, hieße das ja, dass sie an einer bestimmten Stelle von diesem abgeschottet werden. Doch da das nirgendwo geschieht, fließt der Informationsgehalt unserer Gedanken durch unseren gesamten Organismus und beeinflusst, was in diesem passiert. Und so prägt auch alles, was sich in den Körperbereichen fernab des Gehirns abspielt, unsere Denkvorgänge mit.

Genauso verhält es sich mit den Gefühlen und Emotionen, die im Allgemeinen den psychischen Prozessen zugeordnet werden. Hier ist die Untrennbarkeit noch augenscheinlicher, weil es kein anderer als unser Körper ist, der unsere Emotionen und Gefühle zum Ausdruck bringt. Es gäbe nicht ein einziges Empfinden von Herzlichkeit, Liebe, Freude oder Glück ohne Beteiligung des Körpers, also der Sinne und der vielen Rezeptoren, die in den Muskeln, den Organen, den Gelenken oder der Haut sitzen.

Wenn wir uns beispielsweise nervös und unruhig fühlen, spüren wir das, weil unsere Muskeln angespannter sind, zu zucken beginnen, uns mit dem Bein wippen oder mit den Fingerspitzen auf die Tischplatte klopfen lassen. Wenn wir uns als traurig erleben, geschieht das, weil bestimmte Hormone in unserem Blut schwimmen, der Magen sich anspannt und die Atmung abgeflacht ist. Wenn wir glücklich sind, atmen wir frei durch, erleben uns als offen und unbelastet und erfreuen uns an dem Gefühlshoch, das uns die Glückshormone bereiten. Unsere Gefühle und Emotionen sind also ein nahtloser Bestandteil der Abläufe im Organismus, sodass wir davon ausgehen können, dass die als mental, emotional und gefühlsbezogen bezeichneten Prozesse allesamt miteinander verwoben sind. Daraus folgt, dass die Art und Weise, wie wir den Selbstschutzreflexen und deren Folgen begegnen, nur eine ganzheitliche, ja, systemische sein kann.

Weil das Teilen des Organismus in Körper, Seele und Geist in der westlichen Heilkunde aber so eine eingefahrene, über

Jahrhunderte gewachsene Sache ist, haben wir jetzt möglicherweise eine große Hürde zu nehmen. Diese besteht darin, alle Einteilungen in rein körperliche, psychische und mentale Probleme aus unserem Denken zu entlassen und auch schutzbezogene Symptomatiken nicht mehr in solche zu unterteilen.

Sich von alten Stigmatas lösen

Ich gebe dem Aspekt der Ganzheitlichkeit hier deshalb so viel Gewicht, weil das Aufspalten des Organismus oftmals genau der Punkt ist, der uns von unserem Heilsein trennt. Nehmen wir nur das Urteil her, als „psychisch krank“ oder „psychisch angeschlagen“ zu gelten oder es „mit den Nerven zu haben“. Wenn dieser Umstand angesprochen wird, unterliegt ihm häufig ein Unterton, wenn nicht sogar eine Abwertung, die schließlich zu einer Barriere beim Heilen werden kann. Eine solche baut sich beispielsweise nicht auf, wenn bei jemanden ein Zahn wehtut, die Schilddrüse nicht funktioniert oder das Hüftgelenk schmerzt. Genau: Wir setzen Wertigkeiten. Und damit trennen wir.

Wiederum schneiden die als rein psychisch bezeichneten Symptomatiken oder Diagnosen in dem allgemeinen Wertesystem noch besser als die psychiatrischen Fälle ab, an denen das Stigma des Verrücktseins klebt. Hier geht man – ob ausgesprochen oder nicht – davon aus, dass der Mensch aus der Normalität so weit herausgefallen ist, dass er zu dieser wohl kaum wieder zurückfinden wird. Wir schreiben ihn mehr oder weniger ab. Und das können wir auch daran sehen, wie unwürdig Menschen mit psychiatrischen Diagnosen oftmals behandelt werden. Anstatt sie lebenstüchtiger zu machen und sie wieder zu ihrer Balance zurückzuführen, werden sie mit Psychopharmaka zugedopt, ruhiggestellt oder einfach nur weggesperrt.

Es ist ein Fakt: Unser Schubladendenken verhindert, dass wir Unausgewogenheiten in unserem Organismus ungeteilt und unvoreingenommen begegnen und als ein ganzer Mensch regenerieren können.

Und da komme ich auch gleich auf den Begriff „Trauma“ zu sprechen, der seit ein paar Jahren wie eine neue psychologische Diagnose behandelt wird und nehme hier gar kein Blatt vor den Mund: So wichtig die Traumaforschung in Bezug auf ihre Inhalte ist, so ungünstig finde ich den Begriff „Trauma“ als solchen gewählt, wenn es um die Arbeit mit Menschen geht. Wenn wir jemanden den Stempel „traumatisiert“ aufdrücken oder ihn als „mehrfach“ oder „schwer traumatisiert“, wie es oft auch heißt, einordnen, kommt damit unbewusst die Assoziation ins Spiel, dass es sich um eine herausgestellt schwerwiegende Beschädigung der Seele handelt und die Heilung von dieser nur langwierig und steinig sein kann.

Abgesehen davon, dass diese Idee niemandem hilft, sollte sie auch nicht generalisiert und schon gar nicht einseitig auf psychische Prozesse bezogen werden. Obwohl es mitunter ein längerer Weg sein kann, die Folgen des Traumareflexes zu revidieren, lenkt uns der Begriff Trauma eher davon ab, dass es sich dabei um ein selbstschutzbezogenes Geschehen im ganzen Organismus handelt, das ursprünglich zu unseren Gunsten entstanden ist. Dieses hat bestimmte biophysische Funktionen verändert – solche, die beeinflusst und zu ihrer Natürlichkeit zurückgeführt werden können. Es gibt also keinen Grund, das Geschehen zu dramatisieren oder die

Assoziation mit einer schlimmen Störung zu verstärken. Genau aus diesem Grund benutze ich das Wort „Trauma“ in der Arbeit mit Klienten so gut wie nicht.

Und so ähnlich verhält es sich auch mit dem Begriff „Therapie“. Natürlich brauchen wir für das Angebot der professionellen Hilfe einen Namen. Dennoch ist es kein tolles Gefühl, wenn wir glauben, dass wir therapiert werden müssen oder therapiebedürftig sind. Es gibt uns ein Gefühl der Unzulänglichkeit, das uns von den „Normalen“, die keine Therapie benötigen, unterscheidet. Wir fühlen uns eher wie das verletzte Tier in der Herde, das nicht funktionstüchtig ist. Natürlich trägt ein solches Selbstbild ebenso wenig zur Heilung bei.

Wieder ganz werden

Deshalb ist mein Ruf nach einer ganzheitlichen Herangehensweise im Zuge der Revision der Schutzreflexe auch so deutlich. Wir sollten hier wirklich aufmerksam sein, um zu erkennen, ob und wann wir solchen längst überholten Trennungen und Stigmatas folgen.

Und das kann uns beispielsweise gelingen, indem wir unseren inneren und äußeren Stimmen zuhören, ja, auf unsere Denk- und Sprachgewohnheiten aufmerksam werden. Wir können beispielsweise beobachten, wie wir über uns selbst oder jemand anderen denken, wenn „psychisch etwas nicht stimmt“, wir uns oder andere für „körperlich nicht fit“, „seelisch labil“ oder „emotional anfällig“ halten. Wir können bemerken, ob wir die eigenen seelischen Berg- und Talfahrten für schwerwiegender als „körperliche“ halten, weil sie „psychisch“ sind und wir sie folglich anders als körperlich eingestufte Beschwerden wie einen verstauchten Zeh, eine entzündete Blase oder eine starke Erkältung einordnen. Und in solchen Momenten machen wir uns klar: „Aha. Hier beurteile, zerlege, trenne ich mich …" oder: „Aha, hier folge ich dieser alten nicht existierenden Trennung."

Und dann können wir gleich die Umkehrung dranhängen: „Deshalb mache ich mir bewusst, dass ich ein ganzer Mensch bin" oder: „Deshalb lade ich mich jetzt ein, mich als ganzen Menschen zu begrüßen. Hallo …!" und schließlich: „Okay. Ich schließe jetzt einmal meine Augen und nehme meinen Körper als einen ganzen Globus wahr."

Und natürlich geschieht der Hauptteil des „Ganzwerdens" über das Sich-ganz-Fühlen, also übers Wahrnehmen und Erspüren. Je mehr ungetrennte, organische Erfahrungen wir mit unserem Körper machen, desto weniger erleben wir uns als eine Ansammlung von unterschiedlich bewerteten Anteilen. Dies liegt ja dem Ansatz der Somatik zugrunde: Indem wir fühlend erfassen, dass es im Inneren keinerlei Trennung gibt, verinnerlichen wir unser Ganzsein auf intensivste Weise.

An dieser Stelle möchte ich die Neuroimmunologin Asya Rolls, die am Institut für Technologie in Haifa in Israel tätig ist, zitieren. In einem Interview für das Wissenschaftsmagazin NATURE betonte sie, dass wir eine Störung natürlich als „psychosomatisch" bezeichnen können, aber am Ende dennoch alles „somatisch" bedingt ist. Genauso wie ich und viele andere Somatiker warf sie die Frage auf, wie lange, dieser Fakt wohl noch ignoriert werden kann.

Und noch einmal zurück zur Ganzheitlichkeit als einen der ersten *drei Selbstschutzschritte:* Mit dem Erkennen, dem Anerkennen und dem ganzheitlichen Reflektieren der

Selbstschutzreflexe kommen wir unserer inneren Balance ein beträchtliches Stück näher.

Das Körperbewusstsein vertiefen und die drei somatischen Lichtblickmittel nutzen

Warum ein gutes Körpergefühl so wichtig ist

Sicherlich ist hier bereits deutlich geworden, dass wir, wenn wir den *Primären Selbstschutzfaktor* und *die ersten drei Selbstschutzschritte* in unserem konkreten Alltag umsetzen wollen, eine gute Beobachtungsgabe, ja, ein ausgeprägtes Körperbewusstsein benötigen. Nur durch ein solches ist es möglich, mit unserem Körper Kontakt aufzunehmen, seine Signale und Bedürfnisse zu erfassen und zu verstehen, was in jedem einzelnen Moment unseres Alltags für uns richtig, sinnvoll und angemessen ist. Insofern macht uns ein feines Körperbewusstsein erst handlungsfähig und sicher im Umgang mit uns selbst.

Und das bekommt unserem Gehirn außerordentlich gut. Indem wir aufmerksam und anwesend sind, uns um uns kümmern und es im Zuge des Wahrnehmens mit klaren, unterstützenden und fürsorglichen Informationen speisen, bewertet es das als einen positiven Sicherheitshinweis. Und so laden wir es auf indirekte Weise ein, seine Schutzmaßnahmen zu lockern. Genau deshalb kommt der Entwicklung des Körperbewusstseins beim Zurückfahren der Schutzreflexe eine Hauptrolle zu.

Der Vorgang des Wahrnehmens ist dabei auch sprachlich ein interessanter, weil der Begriff denselben Wortstamm wie die Wahrheit hat. Wenn wir also etwas wahrnehmen oder uns etwas gewahr wird, spricht daraus unsere innere Wahrheit. Und diese hilft uns dabei, die schutzbezogene Schieflage wieder auszubalancieren.

Auf das GEGEN aufmerksam werden

Wenn wir uns nun mit dem Bewusstwerden innerer Vorgänge nun noch eingehender befassen und die Wachheit für unseren Körper schärfen, kommen wir zu einem weiteren wichtigen Punkt, der sich aus dem Befolgen des *Primären Selbstschutzfaktors* ergibt: Basierend auf dieser neuen Weichenstellung vergewissern wir uns jetzt, dass wir alles, was wir von nun an verändern, einleiten oder neu entscheiden, grundsätzlich FÜR unseren Körper, zu seinen Gunsten und in seinem Interesse tun. Das liegt nahe, wenn wir dem Nervensystem signalisieren wollen, dass die Gefahr vorbei ist. Wäre es anders, das heißt, richteten wir uns gegen den Körper, gegen die Schutzreflexe, gegen die Folgesymptome, gegen unsere Stimmungsschwankungen, Emotionsausbrüche, die Hypersensibilität, eine Diagnose oder den Schmerz, würden wir dem Gehirn mit diesen GEGENmaßnahmen die Botschaft zuspielen, dass wir uns gegen die eigene Natur richten und uns durch diesen Kardinalfehler selbst ein Bein stellen. Deshalb geht es nun darum, alle Formen des Gegen ganz bewusst aus unserem Denken und Handeln zu entlassen.

Doch wie stellen wir das Verabschieden allen Gegens an, wenn es für uns bisher vielleicht ganz normal gewesen ist, dass wir uns besonders in den Momenten, in denen der Körper nicht unsere Erwartungen erfüllt, gegen ihn gestellt, gegengehalten oder Gegenmaßnahmen ergriffen haben?

Hier können wir bereits auf Bekanntes zurückgreifen, indem wir uns auf die ersten zwei *Selbstschutzschritte*, die Vorgänge des Erkennens und Anerkennens besinnen. Wieder ist es dasselbe: Zuerst einmal befassen wir uns damit, das Gegen in all seinen Formen, Ausdrücken und Verkleidungen aufzuspüren und es überhaupt zu erkennen. Das heißt, dass wir auf diejenigen Momente und Situationen aufmerksam werden, in denen wir uns gegen uns selbst und alles in unserem Inneren Ablaufende, gegen ein Symptom, ein Gefühl, das Aufkommen von ungebetenen Emotionen oder depressiven Stimmungen stellen. Wir bemerken, wann wir sauer sind, weil eine unliebsame Gewohnheit schon wieder auftritt, ein Schmerz einschießt, ein Konflikt in uns hochkocht, uns etwas gefühlsmäßig runterzieht, wir uns für unsere schlechtes Gewissen schämen oder für unsere „Schwächen" bestrafen oder uns selbst die Schuld dafür geben, dass wir nicht wie alle anderen oder ganz „normal" funktionieren. Und dieses Herausfiltern des Gegen behandeln wir wieder mit dem bereits bekannten „Aha", also: „Aha, jetzt gehe ich gegen mich, gegen meinen Körper, gegen seine Signale vor …" oder: „Aha, so oder so sieht dieses Gegen aus …" oder auch: „Interessant. Jetzt kann ich sehen, wie ich bekämpfe, was ist."

Mit dem Flow

Und dieses Erkennen darf sofort ins Anerkennen übergehen, dessen Kraft wir ja ebenfalls schon kennen. Genau: Wir erkennen alles Gegen, alles Gegenhalten und alle Gegenmaßnahmen vollkommen an. Und das machen wir, weil auch all diese Gegen zu unserer Geschichte gehören, die sich einfach noch nicht ausbalanciert haben.

Um das Vorgehen zu verdeutlichen, schauen wir uns einmal das Beispiel Stress an, sodass ganz klar wird, worum es geht. Wenn wir uns in einer stressigen Situation wiederfinden, ist es für den Organismus natürlicher, dass wir nicht gegen die aktuell ablaufende Stressreaktion ankämpfen, sondern das Geschehen erkennen, schließlich anerkennen und mit ihm mitgehen. Es hat ja einen Grund, dass uns das Nervensystem in einer Situation so und nicht anders organisiert. Würden wir uns dagegen richten, entspräche das dem Versuch, unseren stressgeplagten, erregten Körper auszubremsen und ein riesengroßes Rad von unzähligen in Gang gesetzten Prozessen anzuhalten. Abgesehen davon, dass das so gut wie unmöglich ist, würden wir dem Nervensystem damit signalisieren, dass es mit dem Aktivieren des Stressreflexes unrecht hat.

Deshalb ist es sinnvoller, mit der Stressreaktion bewusst mitzuschwimmen, sich mit ihr im Flow zu bewegen oder, was auch möglich wäre, sie wie in einem Film auf der Kinoleinwand mitzuverfolgen. Wir schauen unserem Organismus bewusst dabei zu, wie er das Gestresstsein organisiert, wie der innere Druck, die Aufregung, die Hitze oder was auch immer da ist, sich einen Ausdruck verschafft. Und nein! Wir greifen nicht ein. Wir veranlassen keine GEGENmaßnahmen, auch nicht die gut gemeinten. Wir versuchen weder, den Stress wegzuatmen oder die Erregung zu drosseln, noch uns abzulenken oder die Situation anzuhalten. Vielmehr akzeptieren wir, dass das Nervensystem eine Situation als stressig eingestuft und aus seiner Sicht sinnvolle Selbstschutzschritte eingeleitet hat.

Die einzige Maßnahme, mit der wir uns hier somatisch klug helfen könnten, wäre, dass wir dem inneren Geschehen einen physischen Ausdruck geben, dem Druck ein Ventil anbieten und MIT dem Geschehen gehen, um den Körper zu entlasten. Das heißt, dass wir uns je nach Stressstärke und aufgeladener Hitze zunächst etwas schütteln, uns bewegen, betonter ausatmen, vielleicht auch die Fäuste ballen, Grimassen schneiden, fluchen, weinen oder stampfen, ein

Kissen kneten, ein Duschtuch würgen oder in den drastischeren Situationen auf einen Sandsack einboxen oder wortwörtlich auf eine Pauke hauen. Aber das machen wir nicht, um die Erregung zu vertreiben. Vielmehr bieten wir unserem Organismus an, den Druck aus dem System zu entlassen und die aufgestaute Energie zu entladen, damit sie sich nicht in den Muskeln festsetzen muss. Genau: Wir helfen dem Körper beim Dampfablassen.

Natürlich können wir uns später auch noch anschauen, was losgewesen ist, wie wir in diese Situation geraten sind, ob sie zu umgehen gewesen wäre und ob da ein genereller Veränderungsbedarf besteht. Aber inmitten des Geschehens bleiben wir einfach nur wach für das, was geschieht und gehen bewusst mit ihm mit.

Und denselben Ansatz verfolgen wir, wenn wir auf Symptome oder Beschwerden schauen, die durch die Schutzmechanismen entstanden sind. Auch gegen diese richten wir uns nicht, weil es ebenfalls kontraproduktiv wäre. Denn wenn wir sie anhand von GEGENmaßnahmen zu bekämpfen versuchten, gäben wir dem Gehirn ja dasselbe Signal: „Du da oben hast unrecht. Du solltest meinen Körper anders organisieren!“, heißt auch: „Du reagierst verkehrt.“ Und genau das stimmt ja von seinem Ursprung her nicht! Die Grundintention bestand einst im Schutz und war eine adäquate Reaktion auf eine Gefahr. Und so würde der innere Bodyguard seine Sicherheitsvorkehrungen als untergraben bewerten und entsprechend reagieren.

Die Praxis unterstreicht das: Ich kenne zahlreiche Geschichten von Menschen, bei denen es zeitlich ganz genau nachvollziehbar war, wie Beschwerden und Schmerzen einst durch die Schutzreflexe ausgelöst wurden, aber deren massive Bekämpfung zu deren Verschlechterung geführt hat. Wenn wir den vielen versteckten Gegen, den Gegenmaßnahmen und Gegenmitteln, dem Gegenhalten und Gegensteuern gegen die Abläufe in unserem Körper auf die Spur kommen, ist das also ein unsagbar wichtiger Schritt!

Vom Gegen zum FÜR

Und so drehen wir die ganze Sache jetzt um und kommen zum FÜR zurück. Wir fragen uns, wie wir im Interesse, also FÜR unseren Körper handeln und entscheiden können. Und mit diesem FÜR öffnen wir eine ganz andere Tür. Denn dieses Für ist das erste von drei Selbsthilfetools, die ich hier vorstellen möchte und als die drei *somatischen Lichtblickmittel* bezeichne. Diesen Begriff habe ich gewählt, weil sie uns in den Momenten, in denen wir sie anwenden, tatsächliche Lichtblicke verschaffen. Und das machen sie, weil sie sofort Qualitäten und Aspekte in uns erwecken, die uns guttun, die positiv und heilsam für uns sind und es in uns noch heller und lichtvoller werden lassen.

Und ja. Das erste der *drei Lichtblickmittel* besteht in der Applikation des FÜR, das auch in FÜRsorge oder FÜRsprache steckt. Indem wir unseren Fokus komplett zum Für umschwenken, beginnen wir, im Interesse unseres Organismus und zu seiner Unterstützung auf sein Wohlbefinden hinzuwirken. Und dieses Für könnte wieder in der Form eines inneren Dialogs stattfinden. Wir fragen den Körper einfach: „Wie wäre es FÜR dich am besten?“, „Könnte ich die Situation FÜR dich angenehmer gestalten?“ oder: „Wie wäre es wohltuender und erfüllender FÜR dich?“

Und dasselbe FÜR gilt auch dann, wenn wir uns Hilfe

suchen. Dann ist es genauso wichtig, dass ein Behandler, Therapeut, Mediziner oder Coach nicht zum GEGENzug ansetzt, also nicht symptomvertreibend arbeitet, sondern FÜRsorglich ist und FÜR die Ganzheit des Körpers, in ihrem Sinne denkt.

In welcher Gestalt oder Form wir dieses Für auch immer applizieren, eines ist sicher: Je öfter und klarer wir unser Gehirn mit Für-Informationen versorgen, desto mehr lebensbejahende Botschaften erhält es und desto größer ist die Chance, dass es unseren Sicherheitsstatus wohlwollend überprüft. Und mehr noch: Alles FÜRsprechen in unserem ureigenen Interesse lädt uns immer wieder dazu ein, dass wir uns selbst gegenüber freundlich und liebevoll sind und auf unserer eigenen Seite stehen. Und genau das hilft uns beim Heilen.

Vom Was zum WIE

Genauso, wie wir vom Gegen zum Für umschwenken, treten wir auch den Weg vom Was zum WIE an und bahnen dem zweiten *somatischen Lichtblickmittel* den Weg. Heißt: Wir nehmen den Fokus von dem weg, WAS wir in Bezug auf die Schutzreflexe unternehmen und veranlassen, und richten ihn zunächst primär auf die Qualität des Wie, WIE wir unserem Körper am heilsamsten begegnen und WIE wir uns fühlen möchten.

Das machen wir, weil Was- und Wie-Fragen eine unterschiedliche Quelle haben und deshalb auch zu anderen Antworten führen: Während Was-Fragen rational-analytischer Natur sind und deshalb nur einseitig verstandesbezogene und folglich begrenzte Antworten erzeugen, haben Wie-

Fragen hingegen einen empfindungsbezogenen Ursprung und binden Informationen aus verschiedensten Körperfunktionen ein.

Mit Was-Fragen wollen wir beispielsweise herausfinden, was wir machen müssen, damit …, damit der Schmerz vergeht, damit die emotionalen Achterbahnfahrten aufhören, die Ängste und Panikattacken verschwinden oder die Existenzangst verebbt. Doch die Wahrheit ist, dass uns die darauf folgenden Was-Antworten in Angelegenheiten, die etwas mit unserem Nervensystem zu tun haben, nicht wirklich weiterbringen. Außerdem verleiten sie uns schnell wieder zum Gegen und zu Gegenmaßnahmen, indem wir etWAS beseitigen wollen.

Und das verhält sich anders, wenn wir ins Wie eintauchen. Wie-Fragen führen zu Antworten, die aus dem Universum unseres gesamten Organismus, ja, aus unserem *Bodyversum,* wie ich gern sage, stammen. Sie bündeln die Botschaften unserer Gefühlswelt, unserer Sensorik, unserer Intuition, unseres Bauchgefühls und damit auch solche, die ein Ausdruck unseres Unterbewusstseins sind. Darüber hinaus rücken sie die qualitative Seite von Maßnahmen oder Schritten in den Vordergrund, also genau die, die uns bei der Revision der Schutzreflexe von besonderem Nutzen sind:

- „WIE ist es besser und gesünder?"
- „WIE möchte ich mich fühlen, erleben und ausdrücken?"
- „WIE ist etwas für mich am stimmigsten, am authentischsten, am heilsamsten?"
- „WIE braucht es mein Körper, damit er sich regenerieren kann?"

- „WIE muss es sein, damit …? Damit mein Organismus sich ausbalanciert? Damit er entspannt und wieder natürlich ist?"
- „WIE gehe ich am sinnvollsten vor?"
- „Ja, WIE ist es richtig für mich?"

Und daraufhin erhalten wir Wie-Antworten, die da heißen könnten: „Es wäre besser, dem Organismus sanfter oder aufmerksamer, freundlich, stressfrei, respekt- und liebevoll, mit mehr Wärme, Herz und Geduld zu begegnen …" oder: „Es ist heilsamer für ihn, wenn ich ihm mehr Zeit lasse, ihn nicht überfordere, ihm mit mehr Verständnis begegne und einen liebevollen Dialog mit ihm pflege."

Nehmen wir doch gleich ein Beispiel her. Angenommen, ich habe herausgefunden, dass es für den Körper besser wäre, ihm mit mehr Geduld zu begegnen, wirkt sich diese WIE-Erkenntnis auf so gut wie alle Lebensaspekte aus. Also gebe ich mir mehr Zeit dafür, wie ich etwas tue und agiere langsamer und bewusster. Ich suche mir körperliche Betätigungen oder Aktionsfelder, bei deren Ausübung das Geduldigsein einen Spielraum erhält oder ich begebe mich, wenn ich mir Hilfe suche, nur in die Obhut von Behandlern, die geduldig sind. Umstände oder Menschen, die hingegen Ungeduld verbreiten, mich pushen oder mir das Gefühl geben, schnellere Fortschritte machen zu müssen, fallen aus meinem Fokus heraus. Ich klopfe mein gesamtes Lebensumfeld darauf ab, dass es meinem Bedarf nach mehr Geduld gerecht wird. Und so kann eine einzige, fast belanglos erscheinende WIE-Erkenntnis einen umfassenden Welleneffekt auf mein ganzes Lebensarrangement, mein Selbstbild, meine Prioritäten, meine Beziehungen zu anderen

Menschen und die Art und Weise haben, wie ich mir und meinem Körper begegne.

Deshalb bitte ich meine Klienten, solche WIE-Fragen sehr präzise zu untersuchen und die WIE-Antworten dann in ihr Leben zu tragen. Und dadurch darf ich auch miterleben, welche wundervollen Dinge passieren, wenn letztere greifen, wenn sich eingefahrene Muster plötzlich aufzudröseln und scheinbar ausweglose Situationen aufzuhellen beginnen.

Noch augenscheinlicher ist es in den *BodyWareness*-Trainings, die ich seit Jahren für Interessenten aus therapeutischen, coachenden und unterstützenden Berufen organisiere. Oftmals sind viele Trainees gewohnt, auf das Was und das Gegen zu fokussieren – also auf das, was man gegen etwas Unerwünschtes, ein Symptom, ein Problem oder eine störende Gewohnheit unternimmt. Doch sobald sie dazu übergehen, die WAS- durch eine WIE-Frage zu ersetzen und diese auch in ihre Arbeit einfließen lassen, zeigt sich schnell, dass sich dadurch sehr andere, weil somatisch sinnvolle und deshalb gesündere Lösungen ergeben. Tatsächlich steckt in der Wie-Frage eine gewisse Magie.

Und das Was, also die konkreten Aktionen, die wir einleiten und mit denen wir das Wie dann in praktische konkrete Schritte verwandeln, findet sich ganz von selbst.

Leichtigkeitsfragen

Schließlich komme ich nach der Hinwendung zum FÜR und WIE zum dritten *somatischen Lichtblickmittel*. Und dieses beschreibt eine Qualität, die bei der Zurücknahme von Schutzreflexen eine zentrale Rolle spielt: Es geht um die Qualität der LEICHTIGKEIT, die uns ebenso viele somatische Geheimnisse enthüllen kann. Natürlich haben Menschen, die mit den Folgen von Schutzreflexen konfrontiert sind, einen besonders starken Antrieb, sich besser zu fühlen. Doch diese Determiniertheit führt oft zu hohen Erwartungen, sodass sie dem Körper mit Nachdruck begegnen und dieser schnell unter einen Zugzwang gerät. Die Sache ist, dass unser Organismus so nicht funktioniert.

Wieder erinnern wir uns an unsere Grundintention, der wir hier folgen, nämlich an die Umsetzung des *Primären Selbstschutzfaktors*: Wir prüfen bei allem, was wir tun, ob wir dem Nervensystem die Botschaft geben, dass die Gefahr vorbei ist. Heißt: Wenn wir Nachdruck und Anstrengung ins Spiel bringen, unterminieren wir den Fakt, dass die Schutzreflexe ihre eigene Logik haben und riskieren, dass wir alles, was wir vielleicht schon zum Positiven hin verändert haben, aufs Spiel setzen.

Also ist es gut, wenn wir dem Gehirn als Manager des Zentralen Nervensystems die richtigen Botschaften senden. Und das machen wir am besten so, indem wir seine Sprache sprechen, die keine laute, sondern eine gefühlsbezogene, zarte, feine, sensible, ja eine von Leichtigkeit getragene ist. Das heißt, dass wir uns von aller Anstrengung und jeglichem Nachdruck freimachen und unser Agieren von Leichtigkeit bestimmen lassen.

Wir fragen uns regelmäßig, ob das, was wir gerade tun oder womit wir uns beschäftigen, auch leichter oder anstrengungsloser möglich wäre:

- „Ginge es leichter?“
- „Ließe sich eine leichtere Lösung finden?“
- „Wie kann ich mich leichter fühlen?“

- „Wie müsste es sein, damit es mich erleichtert?“
- „Wie könnte ich mehr Leichtigkeit in mein Leben lassen?“
- „Wie wäre es am leichtesten?“
- „Ist dies das Leichteste, das möglich ist?“

Und dadurch wird schnell fühlbar, dass diese Leichtigkeitsfragen in unserem Körper zu sehr anderen Effekten führen, als wenn wir diesem mit Anstrengung begegnen. Insofern spielt uns die Qualität der Leichtigkeit bei der Revision der Schutzreflexe direkt in die Hände.

Mehr noch: Obwohl sie so unspektakulär klingt, hat die Qualität der Leichtigkeit, wenn wir sie mit Konsequenz in unser Leben tragen, die Kraft, in uns eine deutliche Vertiefung unserer Selbstwahrnehmung zu entfachen. Sie wirkt auf unser Nervensystem wie ein Katalysator, indem sie es durch den sensomotorischen Vergleich anregt, noch natürlicher und selbstregulierter zu funktionieren. Und auch dadurch können die Schutzreflexe zum Rückzug bewogen werden.

Also geben wir den drei *somatischen Lichtblickmitteln* – dem FÜR, der WIE-Frage und der Qualität der LEICHTIGKEIT – in unserem Handeln einen festen Platz. Und dann kann uns gar nichts anderes passieren, als dass wir immer sicherer und klarer im Umgang mit unserem Körper werden.

Bewegung nutzen

Mit den drei *somatischen Lichtblickmitteln* haben wir also immens starke Selbsthilfetools zur Verfügung. Und um deren Anwendung zu unterstützen, möchte ich jetzt ein

Medium vorstellen, mit dem das besonders gut gelingt, und das ist die Bewegung – oder genauer gesagt, das bewusste Bewegen. Da unsere Bewegungen ein Ausdruck unserer Körpersprache und zugleich ein Gradmesser für die Spannungszustände in unserem Körper sind, erhalten wir beim Bewegen den direktesten Zugang dazu, wie das Nervensystem uns sensomotorisch „dirigiert".

Darüber hinaus kommen wir beim Bewegen mit wesentlich mehr Differenzierungen zwischen unterschiedlichen Muskelspannungen, Bewegungsqualitäten und gefühlsbezogenen Komponenten in Kontakt, als es in Ruhe geschieht. Es gibt kein anderes Mittel als die bewusste Bewegung, das uns die persönliche sensomotorische Situation mit ihren Spielräumen direkter greifbar und zugänglicher macht.

Und damit ist das Wahrnehmen unserer Bewegungen auch eine enorme Hilfe für alle, die unter dem Einfluss von Schutzreflexen aufgrund von Stress, traumatischen Erfahrungen oder dissoziativen Einflüssen stehen. Das ist so, weil sich Menschen, die sich unbewusst von ihrer Gefühlswelt abgeschottet haben, in der Ruhe und im Verharren nicht nur weniger wahrnehmen, sondern sich auch davor scheuen, still zu sein und in sich hineinzuspüren. Darauf gehe ich später im Zusammenhang mit der Meditation noch ein. Auch deshalb liegt es näher, die bewusste Bewegung zur Annäherung an sich selbst zu nutzen.

Und so lassen sich auch die drei *somatischen Lichtblickmittel* in Bezug auf das bewusste Bewegen anwenden. Beispielsweise erhalten wir sofort klare Antworten auf die WIE-Fragen, die wir uns stellen, also wie wir uns bewegen und ausdrücken, wie wir uns dabei fühlen und wie entspannt wir dabei sind. Zweitens können wir uns umgehend ein Bild davon machen, ob wir uns gegen oder FÜR unseren Körper, im Einklang mit unserem Nervensystem oder gegen es bewegen. Tatsächlich ist es für Menschen mit aktivierten Schutzreflexen etwas sehr Typisches, dass sie sich bewegend gegen ihren Körper richten, also im Konflikt mit ihm sind. Und drittens können wir uns fragen, wie LEICHT wir uns bewegen und ob sich mehr Leichtigkeit in unsere Bewegungen und Aktivitäten einladen ließe.

Wenn ich hier vom bewussten Bewegen spreche, beziehe ich mich allerdings nicht vorrangig auf sportliche, organisierte oder regelmäßig praktizierte körperliche Aktivitäten. Vielmehr habe ich unsere vielen Bewegungen inmitten unseres ganz normalen Alltags im Sinn, während denen wir uns spüren können.

Das ist beispielsweise möglich, wenn wir spazieren gehen, Treppen steigen, Fahrrad fahren, mit den Kindern oder Enkeln spielen, Sex haben, uns duschen und den Körper danach abfrottieren, uns beim Aufwachen strecken und räkeln, wenn wir gärtnern, Hobbys oder unserer Arbeit nachgehen. Natürlich schließt das auch Fitnessaktivitäten wie das Praktizieren von Yogaübungen, das Joggen, Schwimmen, Skaten, Wandern, Tanzen oder Tennisspielen ein. Doch egal, wie groß oder klein, wie alltäglich oder speziell unser Bewegen ist: Wir können unsere Aufmerksamkeit währenddessen immer mehr dahin lenken, dass es den Bedürfnissen unseres Nervensystems entspricht – und ja, dass es uns Wohlfühlmomente schenkt. Wenn es das tut, super! Dann genießen wir es! Wenn nicht, bringen wir in demselben Moment noch mehr Leichtigkeit ins Spiel.

Somatische Tools im Alltag

Fassen wir noch einmal zusammen, wie weit wir auf unserem Weg gekommen sind, die einst aktivierten Selbstschutzreflexe zum Abklingen einzuladen. Ich würde sagen, ein großes Stück! Mit der Intention im Gepäck, dass wir …

- dem *Primären Selbstschutzfaktor* folgen,
- die ersten drei *Selbstschutzschritte* (das Erkennen, das Anerkennen und die Ganzheitlichkeit) setzen
- die *drei somatischen Lichtblickmittel* (das FÜR, die WIE-Frage und die LEICHTIGKEIT) anwenden,

… haben wir die Roadmap hin zu einem ausbalancierten Nervensystem und einem ausgewogenen Körpergefühl gezeichnet. Und dieser brauchen wir nur zu folgen und die einzelnen Stopps – heißt: all unsere Lebensmomente – mit unserem neuen Wissen zu speisen.

Natürlich ist es auch hilfreich, konkret angeleitete Techniken und Methoden zu praktizieren, die das Nervensystem mit praktischen Erfahrungen versorgen und es somatisch unterstützen. Und so gibt es unendlich viele Übungen, Techniken und Selbsthilfetools, die dazu beitragen, dass seine schutzbezogenen Automatismen unterbrochen und überschrieben werden.

Wer meine Arbeit mit dem *BodyWareness*-Ansatz kennt, weiß, dass ich ein Fan dieser „neuroaffinen Tools" bin. Alle meine Bücher enthalten eine große Anzahl solcher Sequenzen. Und dennoch rücke ich sie in diesem Buch nicht in den Vordergrund, sondern lenke die Aufmerksamkeit ganz bewusst auf das tiefe und klare Verständnis der Situation.

Wenn wir nämlich einmal das Prinzip des Vorgehens verinnerlicht haben und wissen, worauf es beim Zurückfahren der Schutzreflexe ankommt, schaffen wir die stabilste Grundlage dafür, dass alles, was auf ihr aufbaut, nur positiv und heilsam für uns sein kann.

Wer sich dennoch passende somatische Tipps zur Verfeinerung des Körperbewusstseins wünscht, findet 48 sofort anwendbare *BodyWareness*-Übungen in meinem Buch „Körpergeflüster. Der persönlichen Lebensmelodie folgen". Es enthält außerdem viele konkrete Anregungen, wie wir inmitten unseres Alltags mit unserer Empfindungswelt verbunden bleiben können.

Selbst- und Fremdhilfe

Natürlich bin ich mir bewusst, dass es Situationen gibt, in denen es notwendig ist, sich professionelle Hilfe zu suchen und die Revision der Schutzreflexe gemeinsam mit einem Therapeuten, Arzt oder Psychologen anzugehen. Das spielt zumeist dann eine Rolle, wenn als traumatisch eingeordnete Geschehnisse im Organismus nachhallen oder die Schutzreflexe zu chronischen oder gesundheitlichen Einschränkungen geführt haben. Doch dabei treffen genau dieselben Aspekte zu, die ich hier herausgestellt habe.

Hinzu kommt der menschliche Aspekt, der nicht zu unterschätzen ist. Ob wir wirkliche Hilfe erhalten, hängt tatsächlich zu einem großen Teil von dem Menschen ab, der eine Therapiemethode praktiziert. Ein Behandler, Spezialist, Arzt, Psychologe oder Coach mit vortrefflicher Ausbildung oder einer, der irgendwann einmal in den Ruf des Experten gekommen ist, muss nicht automatisch der sensibelste, reifste und erfahrenste Mensch sein. Leider muss ich hier sagen, dass im Zeitalter des digitalen Marketings viele Therapeuten und Coaches unterwegs sind, die sich plötzlich als Experten für somatische Themen bezeichnen, aber weder über ein entsprechendes Wissen noch über praktische Erfahrungen verfügen. Viele von ihnen haben nur gute Texter oder genug Ressourcen, um einen Stab von Helfern zu bezahlen, die ihnen einen eindrucksvollen Auftritt im Internet verschaffen. Und das muss man als „Verbraucher" erst einmal erkennen.

Und ja: Für viele Hilfesuchende mit delikaten und sensiblen Lebensumständen oder lebensverändernden Diagnosen zählt die Herzenswärme des Therapeuten oftmals am meisten. Es ist wichtiger, dass er das WIE der Vorgänge im Organismus versteht, respektvoll ist, aufmerksam zuhört, eine Atmosphäre des Vertrauens herstellt, ein offenes Herz und ein gutes Gespür dafür hat, welche Art von Unterstützung sein Gegenüber am dringendsten braucht.

Wenn wir uns beim Zurückfahren eingespielter Schutzreflexe also Hilfe suchen, ist es gut, vorher zu klären, welches Maß an Menschlichkeit und Präsenz wir brauchen, damit wir uns gut aufgehoben fühlen. Wir haben extrem wach dafür zu sein, wem wir uns beim Zurückfahren der Schutzreflexe anvertrauen.

Das Unterbewusstsein mittels Dehypnose und Meditation klären

Unbewusste Mechanismen kennenlernen

Nachdem wir uns mit den grundlegenden Schritten befasst haben, die wir beim Revidieren der Schutzreflexe und deren Folgen sofort einleiten können, ist es bei allem eine Tatsache, dass wir dabei Abläufe beeinflussen, die sich vorrangig im Unterbewusstsein abspielen. Das heißt, dass wir Veränderungen in unseren Organen, den Muskeln, den hormonausschüttenden Drüsen, im Atem- und im Herzkreislaufsystem und vor allem in unserem komplexen Gehirn einleiten, aber diese für uns im Einzelnen größtenteils kaum nachvollziehbar sind. Wieder erinnere ich an die 90-10-Prozent-Ratio: Zirka neunzig Prozent der Vorgänge in unserem Organismus dringen nicht bis in unser Bewusstsein vor. Und da kann es sinnvoll sein, wenn wir uns mit dem Unterbewusstsein einmal etwas näher befassen und uns ein paar grundlegende Gesetze zunutze machen, denen es gehorcht.

Die Arbeitsweise des Unterbewusstseins ist ja besonders im Zusammenhang mit der Entwicklung der Hypnose erforscht worden. Obwohl ich in diesem Buch nicht näher auf spezielle Techniken und Methoden eingehe, will ich es in diesem Fall ansatzweise tun, weil wir dadurch verstehen, wie unbewusste Vorgänge in Grundzügen ablaufen und worauf sie positiv und heilend ansprechen und reagieren.

Ein erster wichtiger Gesichtspunkt ist, dass das Unterbewusstsein immer mithört. Und diesen wiederhole ich gleich noch einmal: Das Unterbewusstsein hört immer mit. Das heißt zum einen, dass die Worte, die wir hören, von anderen gesagt bekommen, über uns selbst äußern, denken und als Wahrheit akzeptieren, Eingang in unser Unterbewusstsein finden. Genau: Es lauscht unserer Sprache, die wir sprechen, unserer Wortwahl, die wir treffen, und unseren Gedanken, die wir formen. Und dadurch wird die Art und Weise beeinflusst, wie es operiert.

Und das müssen wir uns einmal auf der Zunge zergehen lassen! Indem unsere gesprochenen, gedachten und absorbierten Worte als Information ins Unterbewusstsein einziehen, prägen wir die Funktionsweise unserer unbewussten Vorgänge täglich, stündlich, in jedem einzelnen Moment unseres Lebens mit. Wir bewirken, was in unseren inneren Strukturen abläuft, mit welcher Information wir unsere Zellen ausstatten und wie unser Nervensystem funktioniert. Und das geschieht in beide Richtungen, also einmal zum Negativen, Verneinenden und Destruktiven – oder zum Positiven, Lebensbejahenden und Gesunden hin. Wir prägen unseren Organismus unentwegt durch unsere Sprache – und ja, wir „hypnotisieren" ihn gewissermaßen. Während ich zu dem Vorgang des Hypnotisierens gleich noch komme, möchte ich das Ganze aber zunächst erst einmal durch ein praktisches Experiment verdeutlichen und greifbar machen.

Nehmen wir uns einfach einen Tag X her, ja nur einen einzigen Tag, an dem wir unsere Aufmerksamkeit besonders darauf richten, WIE wir über uns selbst, unseren Körper, sein Empfinden oder Aussehen denken und sprechen. Solche Momente erwischen wir höchstwahrscheinlich dann, wenn wir in den Spiegel schauen, es ums Essen, Nichtessen oder Zuvielessen geht, wir auf der Waage stehen, auf *Social Media* die perfekten Bilder anderer bewundern oder von den Abnehmerfolgen, Glücksmomenten und Erfolgsstorys anderer lesen. Und wir bekommen das WIE unserer Gedanken und Worte außerdem gut zu fassen, wenn der Körper Schmerzen oder Beschwerden signalisiert, wir in eine emotionale Krise schlittern, im Stimmungstief hocken, gestresst sind oder in der Nacht schlaflos die Kissen zerwühlen. WIE denken wir dann über unseren Körper? WIE urteilen und sprechen wir dann über ihn? WIE lauten die Glaubenssätze, die wir wiederholen? Und genau das untersuchen wir nur an einem einzigen Tag.

So erhalten wir nicht nur einen ersten Eindruck davon, wie viel und was uns alles durch den Kopf geht, uns über die Lippen kommt oder auf den Lippen liegt, sondern machen uns auch bewusst, dass unser Unterbewusstsein all das für die Wahrheit hält und damit unsere körperlichen Vorgänge aktualisiert.

Was das praktische Vorgehen anbelangt, wenden wir zunächst wieder den ersten der drei *Selbstschutzschritte*, das Erkennen, an: Wir beobachten, wie wir über unseren Körper denken und sprechen, welche konkreten Sätze, Worte und Urteile, ja, Selbsthypnotisierungen in unserem Inneren kursieren. Und bei diesem Erkennen bleibt es. Wir lassen das Erfasste einfach stehen, ohne der Versuchung zu unterliegen, eine Bewertung nachzuschieben. Das ist der erste Teil dieses Experiments. Den zweiten hängen wir später dran.

Dehypnose verstehen

Ich weiß: Wenn ich im Zusammenhang mit der Revision der Schutzreflexe den Begriff Hypnose einführe, ist das mehr als mutig. Und zwar deswegen, weil viele Menschen die Hypnose in ihrer Vorstellung so ganz und gar nicht mit Sicherheit oder Selbstschutz, sondern mit einem Sich-Ausliefern assoziieren. Und es scheint auf den ersten Blick auch nicht damit zu harmonieren, dass wir das Nervensystem entsprechend des *Primären Selbstschutzfaktors* über unsere Sicherheit informieren. Doch ich wage es, weil das Nervensystem, wenn es unter den Automatismen der Schutzreflexe steht, sich tatsächlich in so etwas wie einem Taumel, einem hypnotisierten Zustand befindet. Wenn wir uns hier also mit ausgewählten Gesetzmäßigkeiten unbewusster Prozesse und der Hypnose befassen, hilft uns das, unser Unterbewusstsein mit heilsamen Informationen, Worten und Sätzen auf lange Sicht zu versorgen.

Und da komme ich gleich zu einem Aspekt, den ich hier für wichtig halte: Im Sprachgebrauch der therapeutisch angewandten Hypnose heißt es ja, dass jemand hypnotisiert wird. Und das assoziieren wir damit, dass wir irgendwie eingelullt, betäubt oder beredet werden und Fremdinformationen in uns eindringen können. Doch wenn wir uns das, was beim Abbau der Schutzreflexe passiert, aus der Nähe ansehen, wollen wir genau in der entgegengesetzten Richtung wirksam werden. Tatsächlich fokussieren wir ja darauf, die uns einst beschützenden Informationen zu entkräften und aus unserem Organismus zu entlassen, damit sie ihn nicht mehr dirigieren. Indem wir durch die Schutzreflexe gewissermaßen in einen „hypnotisierten" Zustand geraten sind, geht es hier weniger um ein Hineingeben oder Eintrichtern von besseren Informationen, sondern um ein Heraus- oder Wegnehmen derjenigen, die überflüssig geworden sind.

Und deshalb spreche ich hier von einem dehypnotischen Vorgehen, ja, von einer Dehypnose, wobei das *De-* im

Deutschen dem Präfix *Ent-* entspricht. Es geht um ein DE- oder ENTprogrammieren, ein ENTkräften von eingefahrenen inneren Programmen, ein ENTlassen von Glaubenssätzen, Verhaltens- und Emotionsmustern, ja, um ein ENThypnotisieren. Wir entsteigen einem früheren Zustand, einem alten Schutz, der genau genommen dem einer „Hypnose" glich, wenn wir diesen Begriff wörtlich nehmen. Also kommen die Begriffe Dehypnose oder Enthypnotisieren diesen Vorgängen viel näher.

Osho, der Begründer der aktiven Meditationen, hat sich mit diesen inneren Vorgängen intensiv befasst und ein neues Verständnis publik gemacht. Und dieses muss man sich erst einmal vergegenwärtigen. Er sagte: „Der Mensch lebt in einer tiefen Hypnose. Ich habe mit Hypnose gearbeitet, weil der einzige Weg, den Menschen aus der Hypnose herauszuholen, darin besteht, sie zu verstehen. Jedes Erwachen ist eine Art Dehypnotisierung, daher muss der Prozess der Hypnose sehr, sehr klar verstanden werden. Nur dann kann man sich davon befreien. Eine Krankheit muss verstanden, diagnostiziert werden, nur dann kann sie behandelt werden. Hypnose ist die Krankheit des Menschen, und Dehypnose ist der Weg, sie zu heilen."

Als ich von diesem Ansatz vor etwa zwei Jahrzehnten erstmals hörte, musste ich ihn erst einmal auf mich wirken lassen. Wow! Das war für mich ein massiver Wendepunkt in meiner therapeutischen Arbeit. Denn: Wenn wir die Begriffe wirklich wörtlich nehmen, sind wir im Sinne der Konditionierung alle in unterschiedlichen Ausprägungen hypnotisiert. Wir glauben, dass das Angenommene und Erlernte, mit dem unser Gehirn einst programmiert und beschrieben wurde, unsere Realität bildet, obwohl das nicht der Wahrheit entspricht. Und genau das drückt sich unter anderem in unserem Denken und in unseren Sprachgewohnheiten aus. Deshalb sind wir in das Thema auch mit der vorangestellten Beobachtungsübung eingestiegen.

Genau genommen sind viele unserer Gedanken, Worte und Formulierungen ja nichts anderes als ein Ausdruck unserer „Hypnotisierung", also unserer individuellen Konditionierung. Insofern ist der Begriff Dehypnose tatsächlich treffender, wenn wir die Schutzreflexe beeinflussen und uns von ihnen verabschieden wollen. Er signalisiert, dass es um eine Befreiung von etwas geht, das nicht oder nicht mehr zu uns gehört.

Eine dehypnotische Alltagsübung für eine heilsame Sprache

Und so kommen wir zur zweiten Hälfte der Beobachtungsübung, die tatsächlich eine „dehypnotische" ist. Jetzt bitten wir das Unterbewusstsein, sämtliche verinnerlichten Fremdurteile, negativen Bewertungen oder destruktiven Gedanken über unseren Körper und letzten Endes über uns selbst fallenzulassen, wie eine alte Haut abzustreifen, ja, vollkommen zu vergessen. Und genau das veranlassen wir mitten im Alltag, und zwar haargenau dann, wenn sie laut werden und sich outen. Dann können wir wieder in einen liebevollen Dialog mit dem Körper einsteigen und die Botschaft an das Unterbewusstsein sofort in positive Worte kleiden. Diese sprechen wir entweder laut aus, flüstern sie uns zu oder murmeln sie vor uns hin. Und das könnte sich so anhören:

- „Ich darf das Gesagte vergessen, denn ich heile und gesunde jetzt."

- „Ich benutze eine heilsame Sprache, weil ich mir selbst wichtig bin."
- „Ich benutze liebevolle Worte, weil ich weiß, dass sie gut für mich sind."
- „Ich sage nur Freundliches über mich, weil mir das am besten bekommt."
- „Ich wähle positive Formulierungen, weil mein Unterbewusstsein diese am meisten mag."

So simpel kann diese dehypnotische Alltagsübung sein. Wir teilen dem Unterbewusstsein einfach mit, dass wir diese alte, unbrauchbare Sprache vergessen, loslassen und aktualisieren und damit die Revision der alten Schutzvorgänge unterstützen. In demselben Atemzug bieten wir ihm eine freundliche, warmherzige, liebe- und lichtvolle Sprache an.

Und das lässt sich natürlich auch über den Tag X hinaus anwenden. Tatsächlich ist es eine spannende Sache, die Sprache von alten Gewohnheiten zu befreien und ihr ein positives Update, ach was, ein Upgrade zu verpassen. Das heißt, wir regen das Unterbewusstsein zu einer massiven Softwareverbesserung an.

Selbstgeführte Dehypnose

So haben wir uns bereits sprachlich darauf eingestimmt, wenn wir uns jetzt damit befassen, was auf dem Gebiet der Hypnose als „Selbsthypnose" bezeichnet wird. Doch damit wir hier nicht durcheinander geraten und wir wirklich unserem neuen Wissen folgen, passe ich diesen Begriff gleich an und bezeichne die praktische Sequenz, die ich hier vorstellen werde, als „selbstgeführte Dehypnose". Genau: Wir wollen uns selbst der Hypnose der Schutzreflexe entziehen. Wir enthypnotisieren uns selbst!

Wenn wir jetzt also eine solche selbstgeführte Dehypnose anwenden, ist es gut, ein paar grundlegende Fakten zu berücksichtigen, damit das Unterbewusstsein sich von uns auch wirklich angesprochen fühlt.

Grundsätzlich stammt der Begriff Hypnose von *Hypnos* ab, was nichts anderes als Schlaf bedeutet. In einer Hypnose werden wir in eine Trance versetzt, einen tiefenentspannten, schlafähnlichen Zustand, in dem wir, und das weicht vom Ursprungsbegriff ab, dennoch wach bleiben. In diesem Zustand öffnet sich das Unterbewusstsein und ist zugänglicher für die Aufnahme von Informationen. Im Unterschied zum normalen Wachzustand, in dem der Verstand den Zugang zum Unterbewusstsein kontrolliert und verbaut, ist es nun möglich, dass neue Impulse ins Unterbewusstsein durchgelassen werden. Dabei ist die Trance ein vollkommen natürlicher Zustand, den wir alle einige Male am Tag durchlaufen. Wir durchqueren ihn beispielsweise an jedem Morgen während des Aufwachens oder am Abend, wenn wir kurz vor dem Einschlafen sind, sowie in vielen anderen Situationen.

Wenn ich mit Klienten erstmals mit Hypnose arbeite, erlebe ich immer wieder, wie sehr sie darüber staunen, auf welche Weise sie die Trance erleben. Manche melden zurück, in überhaupt keinem anderen Zustand, sondern wie gewohnt „da" gewesen zu sein. Andere meinen, sich als weiter weg, aus einer Distanz heraus, aber gleichzeitig als hellwach empfunden oder einfach nur vor sich hin gedöst zu haben. Erst kürzlich beschrieb eine Klientin nach einer Online-Hypnose, dass sie sich wie mittels Fernbedienung weg- und wieder herangezoomt gefühlt hat, also manchmal am Geschehen ganz nah dran war, dann aber wieder etwas abgedriftet ist. All das sind typische Zeichen dafür, wie eine Trance erlebt werden kann. Und genau in einem solchen entspannten, recht unspektakulären Zustand ist es möglich, die Vorgänge im Unterbewusstsein wie die Schutzreflexe positiv zu beeinflussen.

Und so kommen wir auch gleich zu drei praktischen Regeln, anhand derer wir das Unterbewusstsein ansprechen werden. Die erste ist, dass wir heilsame, also dehypnotisierende Sätze formulieren und diese in durchgehend positive und bejahende Worte kleiden. Denn: Das Unterbewusstsein kennt kein „Nein".

Wenn wir dem Unterbewusstsein beispielsweise sagen, dass wir nicht mehr traurig, zornig und frustriert sein möchten, überhört es das „Nicht" und empfängt genau das, nämlich dass wir traurig, zornig und frustriert sein möchten. Also bieten wir ihm eine positive Formulierung an, die in der Gegenwart ausgesprochen wird. Statt zu sagen: „Ich möchte mit dem Rauchen aufhören ", formuliere ich, dass ich mich „rauchfrei viel gesünder und wohler fühle." Statt mir zu wünschen, dass ich diese oder jene unangenehmen Gefühle endlich loshaben will, sage ich, „dass ich mich mit meiner Gefühlswelt versöhne." Statt mir vorzunehmen, „nicht mehr zu viel zu essen", sage ich, „dass sich mein Körper über leichte und bekömmliche Nahrung am meisten freut." Statt zu denken, dass ich auf meinen Körper mit seinen Schmerzen oder Symptomen sauer bin, sage ich, „dass ich ihm so viel Liebe wie möglich schenke."

In der hypnotischen Kommunikation ist es also essenziell, dass der Dialog mit dem Unterbewusstsein weder Kritik noch Verneinendes enthält. Und das ist ein großer Unterschied zum Verstand, der sich ja am liebsten auf das Negative, Verneinende und Störende hechtet und daran Gefallen zu finden scheint.

Doch mit den Botschaften, die wir ans Unterbewusstsein senden, verhält es sich ja genauso, als wenn wir von anderen Menschen etwas gesagt bekommen. Was passiert denn in uns, wenn uns jemand sagt: „Ich liebe dich ..." oder: „Du bedeutest mir viel ..." oder: „Du bist für mich ein wichtiger Mensch."? Genau. Es wird uns warm ums Herz, wir öffnen und entspannen uns. Und dasselbe passiert im Unterbewusstsein. Doch wenn wir diese Sätze einmal ins Gegenteil verkehren und uns vorstellen, diese von jemandem gesagt zu bekommen – puh! Da zieht sich alles in uns zusammen. Und genau deshalb beginnen wir jetzt, unsere Sprache in eine zu verwandeln, die es in uns hell werden lässt, unser Unterbewusstsein öffnet und positiv prägt.

Zweitens lebt das Unterbewusstsein von der Wiederholung. Wenn es also dazu kommen soll, die bisherigen Informationen zu entkräften und mit neuen, gesünderen zu überschreiben, muss es diese neuen Ausdrucksformen viele, viele Male hören, weil es die gegenteilige Situation über so lange Zeit, oft sogar über Jahrzehnte als Wahrheit akzeptiert hat.

Und drittens spricht das Unterbewusstsein besonders agil auf Bilder und lebendige Imaginationen an. Deshalb ist die hypnotische Sprache eine bildhafte, farbige, blumige, eine berührende, gefühlsbezogene und lebendige. Aus somatischer Sicht ist es ideal, wenn in der Dehypnose innere Bilder entstehen, die mit positiven Gefühlen verbunden sind.

Wenn ich jetzt also eine superkurze selbstgeführte Dehypnoseübung im Zustand einer leichten Trance beschreibe, ist es gut, wenn diese drei Punkte – das positive Formulieren, das häufige Wiederholen und die bildhafte Sprache – einfließen können.

Das Körpergefühl aufhellen durch Dehypnose

Was den Einstieg anbelangt, möchte ich hier auf eine ausführliche Induktion der Trance verzichten. Vielmehr empfehle ich, diese simple Dehypnose dann anzuwenden, wenn ein solcher tiefentspannter Zustand bereits natürlicherweise eingetreten ist. Das wäre in der Phase kurz vor dem Einschlafen der Fall, was auch vor einem Mittagsnickerchen, einer Siesta auf der Sonnenliege oder einem Kurzschlaf in der Sauna oder im Büro ginge, oder dann, wenn wir im Aufwachen begriffen sind. In diesen Momenten, die auch als „hypnagogische Zustände" bezeichnet werden, befindet sich unser Gehirn in einem von Thetawellen bestimmten tiefenenstpannten Zustand, in dem das Tor zum Unterbewusstsein auf ganz natürliche Weise offener ist. So können unsere Sätze nicht nur leicht eingelassen werden, sondern auch zu besonders kreativen Antworten führen. Diese auch als „kreative Hotspots" bezeichneten Momente machten sich zum Beispiel die Wissenschaftler Thomas Edison und Albert Einstein oder der Künstler Salvador Dali zunutze und sind heute Teil zahlreicher Forschungen.

Ganz konkret: Wir atmen in diesen Momenten bei geschlossenen Augen für sieben Atemzüge betonter aus als ein, und zählen langsam von Sieben bis Null, also: Einatmen-ausatmen-SIEBEN … einatmen-ausatmen-SECHS … einatmen-ausatmen-FÜNF … bis wir bei Null angelangt sind. Und danach vervollständigen wir den Satz „Mein Körper ist …" und formulieren, wie wir ihn uns wünschen. Den vervollständigten Satz bieten wir dem Unterbewusstsein bereits in der Gegenwartsform, also als eine Tatsache an. Wir gehen wie selbstverständlich davon aus, dass die erwünschte Situation bereits in Gang gesetzt worden oder eingetreten ist, und wiederholen den Satz mindestens siebenmal.

Dabei wählen wir eingängige Formulierungen, indem wir unseren Körper beispielsweise als kerngesund, quicklebendig, vor Lebendigkeit sprühend, vor Lebensenergie strotzend, sich in seiner Balance badend oder in seinen Glücksgefühlen aalend, entspannt wie eine Katze oder so elastisch wie ein junger Bambus imaginieren. All das können wir dann beispielsweise so formulieren: „Mein Körper ist heil und gesund" oder: „Mein Körper ist federleicht und durchlässig", „Mein Körper kann sich frei wie ein Vogel bewegen", „Mein Körper ist schmerzfrei, froh und zufrieden", „Mein Körper bewegt sich harmonisch, feingliedrig und elegant" oder: „Mein Körper ist wie ein Profiseiltänzer in perfekter Balance."

Und ja. Für welche Botschaft ans Unterbewusstsein wir uns auch immer entscheiden, es ist gut, wenn wir uns diese zuflüstern oder gut hörbar sagen. Noch tiefer geht sie, wenn wir sie in der Vorstellung mit dem dazugehörigen Empfinden verbinden. Dadurch wird die hypnotische Sprache mit der gefühlsbezogenen Assoziation verknüpft und vertieft.

Wenn wir die Dehypnoseübung beenden, schließt sie abends wahrscheinlich damit ab, dass wir übergangslos in den Schlaf gleiten. Am Morgen oder am Tage zählen wir wieder von Eins bis Sieben, also Einatmen-Ausatmen-EINS, Einatmen-ausatmen-ZWEI, Einatmen-Ausatmen-DREI … und so weiter, während die Betonung jetzt auf dem tieferen

Einatmen liegt. Schließlich beginnen wir uns zu bewegen, die Augen zu öffnen und sind bei Sieben wie auf einen Fingerschnipp wieder voll und ganz da.

Was den Zeitrahmen anbelangt, empfehle ich, sich auf diese Weise mindestens einmal täglich und über einen Monat lang in diesen kreativen „Hotspotzustand" zu begeben. Das Unterbewusstsein braucht einige Wochen, bis es die Impulse verarbeitet und in eine veränderte nervale Regulation übersetzt.

Doch das heißt nicht, dass positive Veränderungen nicht schon früher fühlbar sind. Im Gegenteil. Oftmals passiert es sogar sehr schnell, dass sich das Eigenempfinden verändert und sich neue Informationen ins Bewusstsein spülen. Klienten berichten davon, dass sie wie aus dem Blauen heraus plötzlich anders zu empfinden begannen, ihnen neuartige Gedanken durch den Kopf gingen oder hartnäckige Reaktionsweisen und Gewohnheiten mit einem Mal einfach wegblieben. Die Anwendung dehypnotischer Trancen kann für immens viele Veränderungen im Unterbewusstsein sorgen – und das alles, ohne dass wir uns dafür anzustrengen haben.

Dehypnose als Brücke zur Meditation

Und schließlich gehen wir, was das Ansprechen des Unterbewusstseins anbelangt, jetzt noch einen Schritt weiter. Denn wir können neben der Dehypnose dazu auch die Meditation nutzen, die eine herausgestellt positive Wirkung auf das Auflösen automatisierter Mechanismen im Nervensystem hat.

Zunächst einmal eins: Alles Hypnotische, in der Trance Applizierte ist grundsätzlich eine gute Voraussetzung, um die vielen Pluspunkte der meditativen Innenschau zu nutzen. Das Erleben der Trance bildet gewissermaßen eine Brücke zur Meditation. Und da spielt auch der Fakt hinein, dass die meisten als „geführte Meditationen" bezeichneten Übungen in Wirklichkeit Hypnosen sind, während denen man oft unbemerkt in einen meditativen Zustand rutschen kann.

Doch was ist der Unterschied zwischen Dehypnose und Meditation? Dieser ist sehr simpel: Während wir uns in der Dehypnose noch mit Inhalten und Themen des Unterbewusstseins oder sagen wir mit den unbewussten Teilen des Verstandes oder unserer Gefühlswelt befassen, ziehen wir uns im Zustand der Meditation aus all dem komplett heraus. Man lässt alles sein, wie es ist und löst sich von der inneren Beteiligung, ja von jeglichen Identifikationen mit Inhalten ab.

Osho nennt diesen meditativen Zustand *„No Mind"*, der auch immer mehr Hirnforscher interessiert, weil er so wertvoll für unsere Gesundheit ist. Erst kürzlich habe ich von einem Forschungsprojekt an der belgischen Universität Lüttich gelesen, in dem man diesen inneren Zustand untersucht und ein Hirnsignal entschlüsselt hat, das mit der vollständigen Abwesenheit von Gedanken verbunden ist. Die Forscher bezeichneten diesen Zustand als „*Mind Blanking*". Der Begriff Mind bezieht sich dabei auf die neuronale Informationsübertragung im Gehirn, also auf das „Gehirn in Aktion". Und wenn dieses zur Ruhe kommt, wird es auch im gesamten Organismus still. Also geht es in der Meditation darum, die richtigen Bedingungen dafür zu schaffen, dass dieser *No-Mind*-Zustand oder der des *Mind Blanking* erfahren werden kann. Die praktischen Übungen, die wir im Allgemeinen als Meditationstechniken bezeichnen, dienen dazu, den Weg in genau diesen meditativen Zustand zu bahnen.

Doch was hat die Meditation mit dem Abbau der Schutzreflexe und deren Folgen zu tun? Hier kommt's: Wenn das Nervensystem sich nicht mehr mit dem Inhalt gedanklicher und emotionaler Vorgänge befassen muss und dadurch pausieren kann, regeneriert es sich einschließlich seiner unbewusst ablaufenden Vorgänge am meisten. Genau dabei erhält es den stärksten Impuls, sich auf seine natürlichen Funktionen zurückzubesinnen. Und das klingt fast paradox: Obwohl wir uns aus den Inhalten des Minds herausziehen und ihn nicht mehr zu beeinflussen versuchen, erleben wir den massivsten Erholungseffekt und erfahren wir den größten inneren Frieden. Und das kommt uns bei der Revision der Schutzreflexe natürlich immens entgegen. Der Organismus erhält einen immens starken Kick, wieder natürlicher zu funktionieren.

Meditativer Tranceprozess von Osho

An dieser Stelle möchte ich kurz einen meditativen Selbstheilungsprozess streifen, der von Osho entwickelt wurde. Er nutzt nicht nur die besagte Brückenfunktion von der Trance in den Zustand der Meditation, sondern ist meines Wissens weltweit der einzige Prozess, der sich mit den Schutzreflexen und deren Folgen auf direkte Weise befasst. Und das ist auch der Grund dafür, dass ich ihn hier herausstelle. Im englischen Original wird er mit dem Titel „*OSHO: Reminding Yourself of the Forgotten Language of Talking to Your BodyMind*" überschrieben.

Der Zuhörende folgt einfach der Stimme des Anleitenden und nimmt auf liebevolle Weise Kontakt zum Körper und schließlich zum Unterbewusstsein auf. In einer leichten

Trance geschieht ein stiller Dialog mit dem sogenannten „Beschützer“, der als Synonym für die Schutzfunktion des Organismus steht. Und in dieser liebevollen Kommunikation können neue, bessere und gesündere Alternativen für die persönliche Situation gefunden werden.

Jedes Mal, wenn ich diesen Prozess leite, wird mir klar, wie wichtig ein solcher „freundschaftlicher“ Ansatz beim Heilen von gesundheitlichen Einschränkungen und Symptomen ist. Ich kann es nicht oft genug sagen: Der „Beschützer“ hat ja ursprünglich eine positive Absicht verfolgt und sich in dem ganzen Geschehen nicht ein einziges Mal – nein, kein einziges Mal! – gegen uns gewandt, sondern immer FÜR uns gesorgt. Und mit diesem Verständnis können wir zu gar keiner anderen Sichtweise gelangen, als dasselbe für ihn zu tun, heißt: unmissverständlich im Interesse unseres Körpers zu agieren und bestehenden Unstimmigkeiten mit derselben Zuwendung zu begegnen.

Für manche Klienten oder Kursteilnehmer, die mitunter über Jahre und Jahrzehnte gegen ihre Symptome vorgegangen sind, kann dieser Ansatz wie ein Erdrutsch sein. Doch einmal verinnerlicht, lässt sich ein solcher schnell in einen Befreiungsschlag transformieren. Das passiert, wenn die sanften, positiven Impulse im Unterbewusstsein auf fruchtbaren Boden fallen und die innere Situation sich fühlbar dreht.

Der Prozess dauert im Original sieben Tage und umfasst eine Stunde pro Tag. Er wird ausschließlich von Frauen geleitet, sodass die Femininität im Vorgehen gewahrt wird. Weltweit gibt es zahlreiche Möglichkeiten, ihn live oder online zu erleben. Wer diese Möglichkeit nicht hat, kann den Zugang zur deutschsprachigen Audioversion nutzen, die über das Buch „Body-Mind Balancing“ von Osho abrufbar ist.

Meditation heißt nicht sitzen

Während die Meditation also einen immens starken Einfluss auf das Unterbewusstsein hat, ist es jedoch gut zu wissen, welche Besonderheiten es dabei in Bezug auf die Stress- oder Traumareflexe gibt.

Zuerst einmal eins: Meditation heißt nicht, wie es in der Meditationswelt oft verstanden wird, ausharrend und buddhagleich in der Lotusposition oder auf dem Meditationskissen zu sitzen, sich auf die Gedankenfreiheit, den Atem, Mantren oder etwas Bestimmtes zu konzentrieren und dadurch die besagte innere Stille zu erreichen. An dieser Vorstellung stimmen mehrere Sachen nicht: Erstens hat die Meditation nichts mit Konzentration zu tun. Während wir unseren Fokus beim Konzentrieren automatisch verengen, wird der Wahrnehmungsrahmen beim Hineinbegeben in den Zustand der Meditation immer weiter und löst sich schließlich auf. Zweitens hat das Meditieren nichts mit dem Vertreiben oder Besiegen der Gedanken zu tun, sondern mit der Akzeptanz von allem, was ist. Und drittens stellt das stille Sitzen nur eine von vielen Meditationstechniken dar – übrigens eine, die für diejenigen Menschen, die unter Anspannung, Druck und emotionalem Stress stehen, am allerwenigsten passt.

Wenn sich ein Mensch mit einem wachen Stress- oder Traumareflex niederlässt, sein Nervensystem also im Kampf-, Flucht- oder Starremodus steckt, ist er aus rein biophysischen Gründen kaum in der Lage, die innere Erregung zum Schweigen zu bringen. Abgesehen davon, dass die vielen miteinander verwobenen Prozesse einer Stressreaktion nicht einfach so anhaltbar sind, würde dadurch ein innerer Konflikt entstehen, der den Betreffenden nicht stiller, sondern nur noch angespannter macht. Die reflexhafte Muskelspannung ist zu groß, als dass sie in der Verharrung niedergehalten werden kann.

Mitunter kommt es zwar vor, dass ein gestresster Meditierender später vom Meditationskissen aufsteht und sich ein wenig entspannter fühlt. Aber dabei muss es sich noch nicht um den Zustand der Meditation, dem *No-Mind* oder *Mind Blanking* handeln, in dem das Nervensystem echt und natürlich zur Ruhe gekommen ist.

Darüber hinaus mögen es Menschen mit einem wachen Trauma- oder Stressreflex nicht immer, die Augen zu schließen und ihren Blick für längere Zeit nach innen zu richten. Sie befürchten, die Kontrolle aufzugeben, und nehmen an, dass sie dann mit ungebetenen Gefühlen konfrontiert werden, welche sich vielleicht schmerzhaft oder sogar unerträglich anfühlen könnten. Deshalb rege ich an, in Sachen Meditation äußerst aufmerksam für die eigene Situation zu sein und nach passenden Meditationsmethoden zu suchen.

Die richtige Technik finden

Und da fangen wir nicht bei null an. Mit dem Kennenlernen der *drei somatischen Lichtblickmittel* – dem FÜR, der WIE-Frage und der Qualität der LEICHTIGKEIT – haben wir bereits eine gute Vorarbeit geleistet, die wir auch hier beim Meditieren anwenden können. Und daher wissen wir auch schon, dass es, wenn die Stressreflexe wach sind und das Nervensystem erregt ist, mit unserem neuen Verständnis gar nicht anders möglich ist, als FÜR statt gegen es zu meditieren. Das heißt, mit der Erregung mitzugehen, also sich zunächst zu bewegen, die Situation auszudrücken und den

Stress rauszulassen, bevor es zum Einzug in die Stille kommt.

Viele Menschen machen das ja instinktiv, indem sie nach einem stressigen Tag erst einmal eine Runde joggen, Fitness- oder Yogaübungen praktizieren, sich aufs Fahrrad schwingen oder eine Runde mit dem Hund gehen. Und erst dann, wenn der Körper aktiv gewesen und das Nervensystem in seiner Erregung abgeholt worden ist, besteht eine reale Chance, dass es im Inneren still werden kann.

Und dann ist es auch klar, in welche Richtung wir schauen, wenn es darum geht, die richtige Meditationsmethode zu finden. Hier ist es natürlich gut, verschiedene Varianten auszuprobieren und vor allem körper- und bewegungsbezogene Meditationstechniken zu testen.

Zu diesen gehören die aktiven Meditationen von Osho, welche Bewegung, Selbstausdruck, Tanz, das *Latihan*, Atem und Stimme benutzen, oder Tanz-, Geh-, Atem-, Summ- oder Lachmeditationen, die aus verschiedenen Traditionen stammen. Dazu kann man in die Suchmaschine zum Beispiel „Aktive Meditationen von Osho" oder „Bewegungsmeditationen" eingeben und fündig werden. Im Rahmen der traumasensitiven Arbeit wäre es überlegenswert, sich einem ausgebildeten Meditationslehrer anzuvertrauen und herauszufinden, wie das Stillwerden in Bezug auf die Konstellation des eigenen Nervensystems am besten funktioniert.

Und da fällt mir während des Schreibens plötzlich ein Klient ein, Georg, mit dem ich vor einigen Jahren gearbeitet habe.

Georg war als Sohn alkoholkranker Eltern geboren worden und hatte als erwachsener Mann starke dissoziative Tendenzen. Sein Nervensystem blendete die vielen Tragödien, die sich in seiner häuslichen Umgebung abgespielt hatten und deren Folgen nahezu aus. Er litt außerdem unter stechenden Kopfschmerzen, war grundsätzlich unruhig und konnte nicht schlafen. Sein Nervensystem hatte gelernt, dass es in der Nacht, also dann, wenn die Eltern früher aus dem Wirtshaus kamen, jederzeit angegriffen werden konnte. Und so wandte sich Georg in der Zeit an mich, als ich gerade meine Meditationsbücher zur Schmerzlösung veröffentlichte. Er wollte wissen, ob die Meditation auch für jemanden wie ihn hilfreich sei.

Und klar: Die innere Stille im regungslosen Sitzen herbeizuführen, wäre für Georg so gut wie ausgeschlossen gewesen, sodass wir sofort mit verschiedenen Bewegungsmeditationen zu arbeiten begannen. Als Einstieg stellte ich ihm die „Kundalini-Meditation" von Osho vor, die er liebte. Durch die stufenweise Abfolge der Aktivitäten, also die Schüttelbewegungen, das Tanzen und vor allem durch die Musik holte er sein Nervensystem in seinem aktuellen Erregungszustand ab. Das half ihm, sich dann in den letzten beiden Phasen der Meditation schrittweise zur Ruhe zu begeben. Nachdem er die erste Nacht durchgeschlafen hatte, schickte er mir eine Nachricht: Ihm sei ein Wunder widerfahren, weil er in einen tiefen Schlaf gefallen war und beim Aufwachen am Morgen plötzlich spürte, dass eine Zukunft vor ihm lag – ein Fakt, an dem er sein ganzes Leben lang gezweifelt hatte.

Georgs Beispiel steht für viele Menschen, die unter dem Einfluss eines aktivierten Traumareflexes stehen. Es ist hier nur wichtig, die richtige Meditationsmethode zu finden, sodass sich die ausbalancierende Wirkung der Meditation auf das Nervensystem auch wirklich entfalten kann.

Wer sich dazu und auch in Bezug auf chronische Schmerzen noch weitere Informationen wünscht, ist eingeladen, in meinen Meditationsbüchern nachzulesen. Mein Buch „Meditation heilt. Schmerzfrei in ein neues Leben" ist ein guter Einstieg in die Thematik und hilft, die Brücke vom Körperbewusstsein zur Meditation zu bauen. Auf diesem baut ein weiteres Buch von mir „Schmerzfrei ohne Medikamente. Meditation und Körperbewusstsein" auf, das ein von mir entwickeltes 30-Tage-Programm zur Schmerzlösung enthält. Und dann gibt es noch „Der Weg des Wassers. Frauen meditieren anders", ein Buch, das nicht nur von meditationsfreudigen Frauen, sondern auch von Männern gern gelesen wird. Hinsichtlich der neurobiologischen Ausrichtung stimmen alle drei Bücher mit dem somatischen Ansatz überein, dem wir hier folgen.

Alltagstools

Das Praktizieren von Meditationstechniken kann also einen immens positiven Einfluss auf eingefahrene Mechanismen im Zentralen Nervensystem haben. Außerdem ist es gut zu wissen, dass wir ihm auch mitten im Alltag meditative Impulse zuspielen können, sodass sich der Zustand von Meditation ins Leben mischt. Und das regen wir an, indem wir uns immer wieder kurze Momente zum Innehalten geben und uns an die Stille in uns erinnern. Auf einen selbstgesetzten Impuls hin wie „Halt!" oder „Stopp!" halten wir tatsächlich inne und koppeln dies an die Wahrnehmung des Körpers an: „Stopp! Ich nehme meinen Atem wahr." oder: „Halt! Ich spüre, wie mein Herz gerade schlägt." Ein Schnipp mit den Fingern: „Ich fühle meinen Körper von Kopf bis Fuß."

Oder wir setzen uns kleine meditative Anker, indem wir uns immer wieder an unsere Wachheit erinnern. Zum Beispiel können wir jedes Mal, wenn wir das Badezimmer aufsuchen, unsere Aufmerksamkeit bewusst auf ein Maximum stellen und auf alle Vorgänge der Körperpflege richten. Oder wir pinnen uns eine Notiz an den Rand des Computerscreens: „Ich bin da!", „Sei hier!", „Stopp!", „Jetzt ist die Zeit!" oder auch nur: „Jetzt!!!". Eine schöne Übung ist es, jedes Mal, wenn wir in den Spiegel schauen, voll und ganz da zu sein. In einem *BodyWareness*-Frauenkurs zum Thema Körperbewusstsein habe ich den Teilnehmerinnen einmal die Aufgabe gegeben, genauso viele Male und mit derselben Aufmerksamkeit, wie sie in den Spiegel schauen, auch nach innen zu blicken. Das heißt, kurz die Augen zu schließen und den Körper wahrzunehmen. Das war für viele Frauen ein Riesenexperiment.

Eine weitere Möglichkeit, sich im Alltag nach innen zu richten und dabei wach zu sein, ist es, dafür besonders wohltuende, entspannte und positive Momente zu nutzen. Das kann passieren, wenn wir uns von etwas angesprochen oder angenehm berührt fühlen, zum Beispiel die Atmosphäre eines warmen Sommerabends aufnehmen, uns an einem besonderen Morgenrot erfreuen, der Wind unsere Haut streichelt, aus der Ferne Musik hinüberweht, den Duft einer Rose einatmen, Lavendel zwischen den Fingern zerreiben und an ihm schnüffeln, durch eine Berührung ein Schauer aus Wohlbefinden in uns strömt oder wir das Kribbeln im Körper spüren, wenn wir in einer Winternacht unters Federbett schlüpfen. Genau dann halten wir inne und fühlen mindestens für 15 bis 20 Sekunden in dieses natürlich entstandene Wohlgefühl hinein, idealerweise bei geschlossenen Augen. In diesen „Mikromomenten“ senden wir wichtige Impulse ans Gehirn, was nicht nur zum Ausschütten von Glückshormonen führt, sondern die positiven Erlebnisse auch immer mehr in den Vordergrund unseres Empfindens rückt.

Der bekannte Neuropsychologe Dr. Rick Hanson hat im Rahmen der Positiven Psychologie aufgezeigt, wie wichtig solche Momente für unsere Selbstheilung sind. Dabei stützt er sich auf die Erkenntnisse der Neuro- und Meditationsforschung, die zeigen, dass wir, wenn wir unseren Fokus mit einem solchen Vorgehen immer mehr auf natürlich entstehende positive Qualitäten lenken, einen neuronalen Umbau im Gehirn anregen.

Und mehr noch: Indem sich solche erfüllenden Momente immer mehr in unserer Wahrnehmung ausdehnen, verschieben sie auch die Proportion zu den als herausfordernd erlebten, ohne dass wir uns gegen letztere zu richten brauchen.

Vom Schlüsselloch- zum Panoramablick

Natürlich gäbe es zum Thema des inneren Selbstschutzes oder zum positiven Einfluss der Dehypnose und der Meditation auf das Unterbewusstsein noch viel mehr zu sagen. Doch wenn es mir hier gelungen ist, ein grundsätzliches Verständnis und vielleicht sogar einen Perspektivwechsel hinsichtlich unserer persönlichen Selbstschutzsituation zu entfachen, ist mein Ziel voll und ganz erfüllt.

Gern vergleiche ich letzteren mit dem Blick durch ein Schlüsselloch, den wir durch das Öffnen der Tür ersetzen:

Wenn wir uns einzig auf Unstimmigkeiten, Symptome, Probleme, Krisen oder unangenehme Empfindungen konzentrieren, ist das tatsächlich vergleichbar damit, dass wir durch ein Schlüsselloch linsen und tunnelblickmäßig einen begrenzten Teil der Situation erfassen. Der Tunnelblick legt nahe, dann auch einzig auf die Beseitigung der Unannehmlichkeiten zu zielen, also symptomfokussiert vorzugehen. Sobald wir aber die ganze Tür aufschließen, durch sie hindurchtreten und den Panoramablick zur Verfügung haben, können wir sehen, dass diese Unannehmlichkeiten zu den Ausläufern einst sinnvoller Schutzreaktionen gehören und ursprünglich unsere Lebensretter gewesen sind.

Und mit dieser Erkenntnis geht es gar nicht mehr anders, als dass wir deren Auswirkungen und uns selbst mit Freundlichkeit und Selbstliebe begegnen.

3 | Der äußere Selbstschutz und ein somatisch gesundes Leben

Achtsamkeit als äußeren Bodyguard etablieren und den Selbstschutz-TÜV bestehen

Körperbewusstsein und situative Aufmerksamkeit

Bisher haben wir uns mit dem inneren Selbstschutz befasst und gesehen, welche Faktoren essenziell sind, damit einst entstandene Schutzreflexe tatsächlich abklingen können. Dabei passiert es oft, dass unser Fokus in die Vergangenheit streift und dort hängenbleibt, weil die Folgen unserer Selbstschutzgeschichte damals ihren Anfang nahmen. Das ist nachvollziehbar und kann zeitweise auch sinnvoll sein, bis wir ein Verständnis dafür erlangt haben, welchen Ursprung unsere aktuellen Beschwerden oder Unstimmigkeiten haben. Doch das heißt eben auch, dass wir immer dann, wenn wir zurückblicken, nicht in der Gegenwart anwesend sind. Aber dies sind genau diejenigen Momente, in denen der initiale Impuls zu positiven Veränderungen liegt. Und das umfasst gleich mehrere Aspekte, von denen wir einige sogar schon kennen.

Zum einen können wir unseren Körper nur dann positiv beeinflussen, wenn wir ihn in der unmittelbaren Gegenwart, im Hier und Jetzt erleben. Und darüber hinaus geht es ja immer mehr darum, die vielen kleinen flüchtigen, aber entscheidenden Momente zu erfassen, in denen wir die Möglichkeit haben, anders zu entscheiden und vielleicht noch mehr als früher für uns einzutreten. Und das braucht erfahrungsgemäß eine sehr hohe situative Aufmerksamkeit.

Und gleichzeitig geht es darum, unseren Fokus entsprechend dem *Primären Selbstschutzfaktor* besonders auf das Wie unserer aktuellen Arbeits- und Lebensbedingungen zu richten und diese so zu gestalten, dass sie für unsere persönliche Selbstschutzsituation hilfreich und heilsam sind. Nur so haben wir eine reale Chance, Kurskorrekturen einzuleiten und eine veränderungsbedürftige Situation wirklich zu wenden. Denn: Genauso wie das, was einmal war, unser Heute geprägt hat, prägt das Heute all das, was unsere spätere Realität sein wird. Es ist also nicht nur bedeutsam, äußerst wach für das zu sein, was in uns vor sich geht, sondern auch für alles, was sich unmittelbar vor unserer Nase und um uns herum abspielt.

Insofern ist unsere Bewusstheit nicht nur das Hauptmittel, wenn es jetzt um den äußeren Selbstschutz geht. Genau genommen sollten wir eine multidimensionale Aufmerksamkeit in uns wachsen lassen, die das Geschehen in unserem Inneren sowie das im Außen gleichermaßen auf dem Radar hat. Und das empfinde ich als eine äußerst spannende Sache.

Der Selbstschutz-TÜV

Werfen wir zunächst einen Blick darauf, dass Menschen, die lange unter dem Einfluss von Selbstschutzmechanismen stehen, dementsprechend leben, weil sie Entscheidungen in der Vergangenheit auf deren Grundlage, also gewissermaßen

„reaktiv" getroffen haben. Unter den damaligen Bedingungen wurden Berufswege, Arbeitsfelder oder Interessengebiete gewählt, Alltagsroutinen etabliert, Beziehungen eingegangen, Freundschaften geschlossen oder Entscheidungen mit Konsequenzen getroffen. Während diese der damaligen Schutzsituation, also eben auch dem Kampf-, Rückzugs- oder Fluchtmodus entsprachen, mögen sie sich mit unserem neuen Istzustand und unserer Wunschzukunft nun nicht mehr vertragen. Und deshalb mag die Situation nach Veränderung rufen.

Erinnern wir uns nur einmal an den sogenannten *Green-Light*-Reflex. Wenn dieser beispielsweise in uns wach ist und wir uns in der Vergangenheit deshalb zu steter Aktivität und Beschäftigung angetrieben haben, um unseren inneren Stress, unsere Unruhe und Rastlosigkeit zu kompensieren, hat das vielleicht dazu geführt, dass wir als Workaholic viele Überstunden absolviert, uns überarbeitet und daraus unseren Selbstwert abgeleitet haben. Doch wenn wir das weiter beibehielten, nachdem uns die Zusammenhänge mit den Selbstschutzreflexen klargeworden sind, würden wir diese durch denselben Stresslevel weiterhin „triggern" und auch deren Folgen im Körper verstärken. Also geht es jetzt darum, herauszufinden, wie sich das verändern lässt und welche Spielräume es dafür gibt.

Oder: Wir haben aufgrund unserer emotionalen Situation bestimmte Menschen als anziehend und attraktiv erlebt, oft auch solche, die unseren damaligen Verhaltens- und Emotionsmustern entsprachen. Gar nicht so selten entstehen aus diesem Umstand heraus sogenannte toxische Beziehungen, die nun, wenn wir heilen wollen, natürlich kontraproduktiv sind. Ganz klar: Wenn wir dem Gehirn mitteilen wollen, dass die Schutzreflexe ein Update erhalten und sich zurückziehen dürfen, kann das in einer destruktiven Atmosphäre nicht passieren. Gerade für Menschen, die daran gewöhnt sind, Unwürdiges und Verletzendes hinzunehmen, weil sie beispielsweise auf Missbrauchserfahrungen oder grenzüberschreitende Geschehnisse zurückblicken, bricht nun eine neue Etappe an.

Ein Extrem wäre, wenn ein Mensch von einem wachen Traumareflex durch das Erleben häuslicher Gewalt betroffen ist und weiterhin im Energiefeld der Bedrohung lebt. Wenn er beispielsweise von einer Person regelmäßig auf verachtende Weise oder sogar physisch misshandelt wird, mit ihr in Kontakt bleibt oder mit ihr sogar unter einem Dach lebt, behält sein Nervensystem den obersten Alarmstatus natürlich aufrecht. Ich erinnere mich an die Extremsituation, in der sich eine frühere Klientin befand. Sie teilte mit ihrem Vergewaltiger sogar das Bett und hoffte immer noch, dass sich die Situation zum Besseren wenden würde.

Abschied von toxischen Beziehungen

Gerade hinsichtlich der Beziehungen zu anderen Menschen können hier Veränderungen notwendig werden. Denn hier heißt es, zu berücksichtigen, dass es nicht nur die konkreten Ereignisse sind, die die Schutzreflexe aktivieren und am Leben erhalten. Das Energiefeld der Menschen, mit denen wir zusammen sind, trägt in beträchtlichem Maße dazu bei, dass unser Nervensystem in Alarmstellung bleibt.

Die Erkenntnis, dass wir die Energie anderer nicht nur spüren, sondern sogar absorbieren, wurde inzwischen auf empirische Füße gestellt. Ursprünglich inspiriert durch die

Forschungsergebnisse eines Teams an der Universität Bielefeld fand die Ärztin und Therapeutin Olivia Bader-Lee später heraus, dass unsere Körper gewissermaßen wie Schwämme sind, die die Energie anderer in unserer Nähe aufsaugen, sodass wir dann unter dem Einfluss des Absorbierten stehen. Das heißt, wir sollten sehr gut hinschauen, mit welchen Menschen wir unsere Zeit verbringen und mit wem wir intime Beziehungen eingehen.

Oder andersherum: Wenn wir uns aufgrund der alten Erfahrungen und dem *Red-Light*-Modus für ein zurückgezogenes, reizloses und isoliertes Dasein entschieden haben, reicht ein solches nun nicht mehr aus. Für die Umsetzung des *Primären Selbstschutzfaktor*s braucht es eine Wiederbelebung des Nervensystems, indem es durch die Information neuer und gesünderer Erfahrungen zur Reorganisation angeregt wird. Auf dieses Thema gehe ich im nächsten Kapitel noch genauer ein.

Die große Aufgabe besteht nun also darin, das aktuelle Leben gewissermaßen einem *Selbstschutz-TÜV* zu unterziehen. Das heißt, zum einen zu checken, ob sich die Schutzreflexe unter den aktuellen Lebensbedingungen überhaupt zurückziehen können, und zum anderen, ob sie immer noch aktiv aufrechterhalten oder sogar gefüttert werden, weil die Lebensbedingungen einst so eingerichtet worden sind.

> Ich erinnere mich an einen Klienten, Marco, der in seinem Job seit Jahren auf das Heftigste gemobbt wurde, dies aber hinnahm, weil er als Kind viele Male die Erfahrung gemacht hatte, dass Abwehr hart bestraft wird. Doch nachdem er verstanden hatte, dass diese Situation den Stressmodus seines Nervensystems be-

stärkte und seine Panikattacken so nie abklingen würden, konnte er diese nicht mehr deckeln. So nahm er allen Mut zusammen, sprach das Thema in einem Abteilungsmeeting an und stellte dem Team ein Ultimatum: sie oder er. Obwohl es anfangs so aussah, als wäre die Sache klar, weil er allein dastand, geschah plötzlich so etwas wie ein Wunder. Ein Whistleblower informierte die Firmenleitung über die Situation, noch bevor Marco es tun konnte, woraufhin zwei seiner Mobber fristlos entlassen wurden.

Eine darauffolgende Untersuchung ergab, dass nicht nur Marco den Schikanen dieser Mitarbeiter ausgesetzt gewesen war, sondern es auch noch andere Kollegen betraf. Die Situation drehte sich also innerhalb weniger Tage zu Marcos Gunsten. Doch Marco hatte den ersten Schritt zu setzen. Und ja: Sein Nervensystem reagierte prompt, indem seine Panikattacken den Rückzug anzutreten begannen.

Wie Marcos Beispiel zeigt, gewöhnen sich Menschen an vieles, sogar an ein Leben in einem destruktiven Umfeld, unter Dauerstress oder unwürdigen Bedingungen. Doch damit muss es nun vorbei sein! Jetzt heißt es, das Gewohnte auf seinen Heilungsgehalt zu überprüfen, ja, es einem *Selbstschutz-TÜV* zu unterziehen und das Drehbuch der alten Geschichten umzuschreiben. Damit nehmen wir nicht nur eine immens wichtige Weichenstellung hinsichtlich der Selbstschutzreflexe vor; wir schaffen auch die Bedingungen dafür, dass sich keine neuen entwickeln, wenn sich das verhindern lässt. Dieser äußere Selbstschutz steht also im Dienste des inneren.

Die richtige Wahl

Bei all dem ist mir bewusst, dass es für Menschen mit einer ausgeprägten Selbstschutzgeschichte neu und ungewohnt sein kann, auf solche Aspekte aufmerksam zu werden und im Eigeninteresse stehende Entscheidungen zu fällen. Viele von ihnen, besonders diejenigen, die unter dem Einfluss wacher Überlebensmechanismen und deren Folgen großgeworden sind, haben sich auf ihrem Weg durchs Leben ja nur auf diese Weise erlebt. Und dementsprechend hat sich ihr Selbstbild geformt und oft nur ein geringer Selbstwert etabliert.

Außerdem fällt es vielen schwer, destruktiven Aspekten plötzlich mit einem klaren „Nein!“ zu begegnen, positive wiederum voll und ganz zu bejahen oder das Herumeiern im „Jein“ zu verlassen, weil das alles für sie noch ungewohnt ist. Das heißt, dass es nun darum geht, das eigene Selbstbild zu hinterfragen und nach gesünderen Spielräumen zu suchen.

Weil das so etwas wie das Betreten von Neuland ist, möchte ich mit dem *3-Alternativen-Modell* eine praktikable Handreichung für den Start zur Verfügung stellen: Sobald wir darauf aufmerksam werden, dass eine Veränderung ansteht oder wir nach einer neuen Lösung suchen, aber keine Idee existiert, wie diese aussehen soll, fragen wir uns erst einmal, welche drei Alternativen es gibt. Dr. Moshe Feldenkrais erklärte, dass wir erst ab drei verfügbaren Optionen beginnen, einen tatsächlichen Handlungsspielraum zu haben. Ganz klar: Solange wir nur über eine einzige Option verfügen, sind wir in einer Zwangslage. Wenn wir zwischen zwei Alternativen wählen können, ist die Situation zwar schon etwas offener, aber wir sind immer noch unter dem Druck, zwischen Entweder und Oder entscheiden zu müssen. Erst ab drei Möglichkeiten beginnen wir an der Freiheit zu schnuppern, weil wir unseren Fokus weiten und unseren Aktionsradius ausdehnen.

Das 3-Alternativen-Modell

Und das machen wir wieder praktisch. Stellen wir uns doch einmal die Situation vor, dass die Beziehung zum eigenen Lebenspartner mit den neuen Selbstheilungsprozessen nicht harmoniert. Während natürlich eine Trennung als Alternative Nummer eins zur Debatte stehen kann, wäre es auch möglich, erst einmal das Gespräch zu suchen und alle Faktoren vollkommen offen und ungeschönt auf den Tisch zu legen und einander eine Chance zu geben. Vielleicht ergibt sich daraus ja ein ganz anderes gegenseitiges Verständnis und ein neues Erfahrungsfeld. Das ist Möglichkeit Nummer zwei. Und eine dritte wäre, sich beim Aussortieren der Situation helfen zu lassen und beispielsweise eine Mediation oder eine Paartherapie zu erwägen. Falls wir im Prozess des Alternativenfindens einmal so richtig in Fahrt gekommen sind, könnten wir die Zahl drei sogar noch toppen: Vielleicht wäre es ja gesünder – Alternative Nummer vier, einander regelmäßig für ein paar Tage nicht zu sehen, um sich etwas Luft zum Atmen zu geben, oder – Alternative Nummer 5 – für eine Zeit getrennt zu leben, bis sich ein klareres Bild ergeben hat.

Doch ganz wichtig hier: Bei allem sollte nicht der Verstand das Sagen haben! Stattdessen vergewissern wir uns, dass wir uns mit den drei oder mehr Alternativen auch wirklich wohl, leicht und entspannt fühlen. Das testen wir, indem wir diese imaginieren und erfassen, wie wir uns mit ihnen gefühlsmäßig erleben. Wieder können wir uns selbst befragen. Also:

- „Wie fühlen sich diese drei oder mehr Alternativen an?"
- „Fühlen sie sich für meinen Körper gesund an?"
- „Kann ich mit der oder den Alternativen leichter atmen?"
- „Werde ich mich mit den Optionen besser wahrnehmen?"
- „Komme ich mir mit dieser Lösung näher?"
- „Fühle ich mich mit ihr wohl?"
- „Bewirkt sie, dass mehr Leichtigkeit in mir entsteht?"

Klar ist, dass nur die Varianten als wirkliche Optionen gelten, in denen wir uns auch wirklich sehen und wohlfühlen können. Wenn das nicht der Fall ist, fallen diese als Alternative natürlich durch. Und dann darf die Suche weitergehen.

Oder: Es steht die Erkenntnis im Raum, dass mein Job für mich nicht mehr stimmt, weil er mit dauerhaftem Stress oder kaum ausbalancierbaren Belastungen verbunden ist und dadurch die Revision der Stressreflexe nicht fruchten kann. Dann wäre es auf der Suche nach drei Alternativen möglich, zuerst einmal mit dem Chef oder dem Teamleiter zu sprechen und Vorschläge zu unterbreiten. Vielleicht bestände ja die Option, keine Überstunden mehr zu übernehmen, nach Arbeitsschluss nicht mehr erreichbar zu sein oder für eine bestimmte Zeit verkürzt zu arbeiten. Bei letzterem gibt es ebenso drei und mehr Alternativen, also halbtags oder nur an drei oder vier Tagen pro Woche zu arbeiten oder zur Hälfte im Homeoffice zu bleiben. Überdenkenswert wäre, sich eine Verschnaufpause zu verschaffen, für eine bestimmte Zeit unbezahlten Urlaub zu nehmen und dem Nervensystem damit eine Auszeit zu schenken, um nachher wieder frisch und auf einem höheren Resilienzlevel starten zu können. Und wenn es für all das ganz und gar keinen Spielraum gibt und eine Kündigung oder ein berufliches Umsatteln ansteht, kann dies ja auch mit verschiedenen – mindestens drei – Alternativen vorbereitet werden. Dabei bestünde wiederum die Möglichkeit, die Hilfe eines Coaches in Anspruch zu nehmen, weil es ja sein kann, dass naheliegende Alternativen leicht übersehen werden.

Dieser Explorationsprozess kann auch sehr gut durch dehypnotische Trancen unterstützt werden, weil dann die Informationen des Unterbewusstseins in die Optionssuche eingehen. Diesbezüglich habe ich mit meinen Klienten sehr gute Erfahrungen gemacht. Und noch einmal: Was wir auch immer erwägen, zählt nur dann als eine wirkliche Alternative, wenn sie sich auch rundherum gut und richtig anfühlt.

Oder nehmen wir an, wir haben erkannt, dass der Alltag aus zu viel Routine besteht, die es kaum zulässt, das Leben in seiner Schönheit zu genießen und das Nervensystem mit wohltuenden und gesünderen Wie-Erfahrungen zu versorgen. Schließlich ist es an jedem Tag dasselbe: Um 7 Uhr aus dem Haus – um 17 Uhr oder noch später zurück – Einkaufen – Haushalt – Kinder ins Bett – Fernsehen – schneller oder kein Sex – Schlafen – um 7 Uhr … oder so ähnlich, also die klassische Hamsterradsituation. Da können wir unsere Wachheit einsetzen, um diese Routine bewusst zu unterbrechen. Wenn sich an den beruflichen Abläufen so ganz und gar nichts verändern lässt, sollte der Rest des Tages zumindest ein nährender und komplett regenerativer sein.

Vielleicht lassen sich Haushaltsaufgaben anders verteilen, Hilfen organisieren, die traditionelle Form des Abendessens, das WIE der Abläufe oder die Fernsehroutine verändern. Möglicherweise wäre es ja angenehm, den Tag mit wohltuender Musik, einer Meditation, einem Spaziergang, einem netten Gespräch am Küchentisch oder bei Kerzenschein ausklingen zu lassen. Denn: Routinen sind ja genau das, was unser Nervensystem neuronal in seinen Gewohnheiten, egal welchen, bestärkt. Und dadurch unterstützt das Laufen im Hamsterrad indirekt, dass die Schutzreflexe bleiben.

Deshalb ist es gut, sich alles, was den Trott des Lebens unterstützt, bewusst zu machen und an diesem so lange zu rütteln, bis er sich aufgeweicht hat. Und genau dorthin fließt unsere Aufmerksamkeit. Das *3-Alternativen-Modell* ist eine simple Handreichung, an der wir uns gut orientieren können.

Ablenkungen erkennen

Und es gibt einen weiteren wichtigen Punkt, zu dem wir unsere Aufmerksamkeit umschwenken, wenn wir die Schutzreflexe zum Rückzug einladen wollen: Oftmals ist es so, dass Menschen mit stressvollen, überwältigenden und traumatischen Erfahrungen Meister darin sind, sich von ihrem aktuellen Befinden abzulenken, sich zu vermeiden, ja, vor sich selbst zu fliehen. Also geht es nun darum, auch dies zu hinterfragen, und wenn es sich anbietet, auch hier das *3-Alternativen-Modell* anzuwenden.

Werfen wir zunächst einen Blick auf Ablenkungen, die uns die Entertainmentindustrie schmackhaft macht. Unter diese Rubrik fällt natürlich das Konsumieren von Fernsehsendungen, Filmen, Endlosserien, Talk-, Night- und

Morgenshows und, und, und … vom Sog der Sozialen Netzwerke ganz zu schweigen. Während der Zeit, in der wir vor den verschiedenen Bildschirmen, aber besonders auf Facebook, Instagram, TikTok und Co. herumhängen, sind wir nicht bei uns, sondern bei anderen und das mag uns entgegenkommen, wenn wir uns selbst vermeiden wollen. Da die digitale Welt grenzenlos ist und es immer mehr Onlineplattformen, Apps, Streamingdienste und Social-Media-Kanäle gibt, können wir uns, wenn wir wollen, den gesamten Tag und sogar bis zu unserem Lebensende an Bildschirmen aufhalten und uns mit Fiktivem betäuben. An Möglichkeiten fehlt es nicht. Doch der Haken daran ist, dass dies das Zurückfahren der Schutzreflexe nicht nur erschwert, sondern regelrecht sabotiert.

Das ist so, weil wir uns mit diesen Ablenkungen aus dem Hier und Jetzt herausbeamen, wir aufhören, uns wahrzunehmen und, wenn beispielsweise der Konsum von Social Media der Hauptablenker ist, beim Wühlen durch die Feeds die Gegenwart verpassen – genau diejenige, die uns echte Erfahrungen vermittelt und uns somatisch wichtige Selbstschutzschritte gehen lässt. Zum anderen befassen wir uns zumeist mit manipulierten, retuschierten Bildern und künstlichen Inhalten, die oft auch auf dem „Imposter-Syndrom" oder der Darstellungssucht anderer fußen. Diese versorgen unser Nervensystem kaum mit Informationen, die uns dazu ermutigen, für unsere persönliche Wahrheit und Authentizität einzustehen und der eigenen Realität ins Auge zu schauen.

Wieder lässt sich das *3-Alternativen-Modell* anwenden, mit dem wir uns mindestens drei Alternativvorschläge anbieten können: Erstens, die Screen- und Social-Media-Zeit auf ein Minimum zu begrenzen, zweitens, das Handy so oft wie möglich aus- oder lautlos zu stellen und drittens, eine „Selbsterfahrungsliste" anzulegen und anhand dieser so viele Unternehmungen wie möglich zu planen, durch die wir uns als authentisch und echt erleben.

Die Lust auf schnelle Befriedigung und Kompensationen

Ein weiteres Feld für Ablenkungen besteht im „schnellen Pleasure", das heißt, in der Gewohnheit, uns sensorische Glücksmomente zu verschaffen, die uns wenigstens für einen kurzen Augenblick von uns selbst weglotsen, sodass wir uns besserfühlen.

Ich glaube, dass jeder Mensch, der mit Selbstschutzprozessen konfrontiert ist, diese Tiger-im-Käfig-Situation kennt: Wir merken, dass wir angespannt sind und unsere innere Situation nicht aushalten. Also fragen wir uns, wie wir diesem Defizit schnellstens entfliehen können. Und da steht bei vielen die Flucht ins Essen, Trinken, Naschen und Snacken an oberster Stelle, weil die orgiastischen Momente, mit denen uns die Geschmacksknospen der Zunge sofort versorgen, am schnellsten herstellbar sind. Oft wird auch so lange geschlemmt, bis der Magen vollgestopft und das Gefühl des Mangels, der Leere oder der Unruhe verschwunden ist.

Der Konsum von Alkohol ist eine weitere verbreitete Gewohnheit, Unerfülltes, unruhig Machendes sowie die Übererregung des Nervensystems zu kompensieren. Das Feierabendbier, die Flasche Wein oder das regelmäßige Gute-Nacht-Gläschen sind Rituale, die viele Menschen unter Stress benutzen, um sich selbst zu entfliehen. Viele von ihnen brauchen einen durchgängigen Alkoholspiegel im Blut, um sich ertragen zu können. Nicht, dass wir uns falsch verstehen: Es kann eine schöne Erfahrung sein, ein gutes Essen mit einem Glas Wein zu genießen. Nur sollten wir dafür wach bleiben, dass Essen und Trinken keine kompensatorischen, sondern natürliche Vorgänge sind, die unseren Körper mit lebensnotwendigen Nährstoffen versorgen. Werden sie auf diese Weise missbraucht, geben wir unserem Nervensystem den Impuls, dass es immer dann, wenn es sich mit einer emotionalen oder gefühlsbezogenen Botschaft als Folge der Schutzreflexe äußert, sofort betäubt und ausgebootet wird. Heißt auch: Gefühle und Emotionen sind nicht willkommen. Über die Destruktivität allen Gegens haben wir ja bereits besprochen.

Wenn der Alkoholkonsum im Vordergrund steht, träfe Letzteres noch aus einem ganz anderen Grund zu: Wie Neuroforscher herausfanden, hat der regelmäßige Alkoholkonsum einen schädlichen Einfluss auf unser Gehirn. Sowohl der tägliche, regelmäßige als auch der kondensierte, gelageartige Alkoholkonsum führt zu einer Reduzierung der Hirnsubstanz, sodass wir dadurch wertvolle Nervenzellen einbüßen. Einmal abgesehen davon, dass es generell gut ist, die grauen Zellen beisammenzuhaben, brauchen wir ein neuronal gut bestücktes Gehirn auch, um das Nervensystem wieder zu einer nichtreaktiven, sondern reflektiven Arbeitsweise zurückzuführen.

Die Einnahme von Drogen schließt sich hier gleich an. Während seit Langem bekannt ist, dass harte Drogen wertvolle Nervenzellen zerstören, hat aber auch der regelmäßige Konsum von Marihuana keinen belebenden, sondern einen lähmenden Effekt auf das Gehirn, in dem es unsere Wachheit minimiert.

Und schließlich gehört zur schnellen Befriedigung auch

die Porno- oder Sexsucht. Unterstützt durch die Pornoindustrie greifen Statistiken zufolge sehr viele Menschen regelmäßig zum Porno, um sich durch sexuelle Befriedigung einen schnellen Höhepunkt zu verschaffen. Natürlich ist die Trennlinie hier dünn, weil eine gesunde Sexualität wichtig ist und gepflegt werden sollte. Doch wenn sexuelle Aktivitäten und ein zwanghaftes Masturbieren zum Ablenken oder als Flucht vor sich selbst benutzt werden, kommt uns das nicht wirklich zugute. Und deshalb mag auch hier eine Veränderung anstehen.

Erkennen und anerkennen

Was es auch immer ist, das als Flucht aus dem Hier und Jetzt und zur Ablenkung benutzt wird: Der erste Schritt aus dem Drang oder Zwang heraus besteht wieder darin, die entsprechenden Momente und Situationen erst einmal zu erkennen. Und dieses Erkennen können wir wieder mit einem inneren „Aha …" ausdrücken: „Aha, so geht das vonstatten …" oder: „Aha, so mache ich das …".

Und daran kann sich gleich der Vorgang des Anerkennens anschließen. Ja genau! Wir machen uns klar, dass sowohl die Tiger-im-Käfig-Situationen als auch unser Drang nach Kompensationen aus der Existenz wacher Schutzreflexe heraus entstanden ist, wir deshalb bestimmte Gefühlszustände und Emotionen als unerträglich empfunden und keinen anderen Weg gesehen haben, als uns ein paar positivere Momente zu verschaffen. Statt entsprechende Gewohnheiten zu verteufeln und dadurch einen Konflikt in uns zu entfachen, bringen wir hier unsere Bewusstheit und unser neues Verständnis ein: Es war, wie es war und es ist, wie es ist. Aber es muss nicht so bleiben, wenn es uns nicht bekommt. Das Anerkennen der Situation ist auch hier wieder ein unsagbar wichtiger Schritt!

Und dann machen wir uns auf die Suche nach besseren Lösungen, idealerweise mindestens drei, und gestalten unser Leben so befriedigend, sensorisch lebendig und erfüllend, dass wir vor diesem nicht mehr zu flüchten brauchen. Das *3-Alternativen-Modell* kann auch hier Gold wert sein.

Natürlich ist es nicht mit einem Mal getan, alte Kompensationen an den Nagel zu hängen. Doch wenn wir sie als ein Ergebnis einer alten Notwendigkeit verstehen, verlieren sie erfahrungsgemäß mit der Zeit auch ihre Attraktivität. Und gleichzeitig wächst in diesem Geschehen ja auch der Mut und die Fähigkeit, mit sich selbst sein zu können, verschiedene Stimmungen und Unausgewogenheiten anzunehmen und vor ihnen nicht mehr davonlaufen zu müssen. Vielmehr verstehen wir: „Okay, ich erkenne, was los ist, und deshalb bleibe ich jetzt stehen …“ oder „Ich haue jetzt nicht ab, sondern bleibe einfach mal mit dem, was ist“ oder „Ich mache mich jetzt nicht aus dem Staub und bin neugierig, was passiert.“

Der Effekt kann bahnbrechend sein! Sobald uns dieses Annehmen von kompensationsträchtigen Situationen allmählich zu gelingen beginnt, sind das die besten Momente überhaupt! Wenn wir nicht mehr vor uns selbst davonlaufen müssen, sondern durch unser neues Verständnis mit uns selbst bleiben und im vollen Bewusstsein mit dem Geschehen mitgehen können, ist das ein Megaschritt auf uns zu und ein Akt der Selbstversöhnung ohnegleichen. Solche Momente sind wahre Mutmacher, die uns nicht nur die Kraft zum Weitergehen geben, sondern uns außerdem authentische Glücksmomente schenken.

Im Cockpit des Lebens sein: „Ich übernehme jetzt"

Durch eine größere Aufmerksamkeit, mehr Eigeninitiative und den Mut, mit uns selbst zu sein, werden wir außerdem unabhängiger von Fremdinterventionen. Viele Menschen mit wachen Schutzreflexen sind durch ihre Erfahrungen so verunsichert worden, dass sie kaum etwas selbst entscheiden können, ohne sich vorher mit anderen abzustimmen und den Konsens anderer einzuholen.

Doch nun ist die Zeit gekommen, mehr auf uns selbst zu hören, dem Eigengefühl zu vertrauen und immer besser zu wissen, was gut und richtig für uns ist. Das bedeutet auch, dass wir uns weniger Rat von außen holen müssen, wir uns auf die Meinungen von Angehörigen, Freunden oder Kollegen verlassen und ja, langfristig gesehen auch unabhängiger von Experten, Therapeuten und Coaches werden.

Gerade wenn die Schutzmechanismen auf Erfahrungen aus der Kinder- und Jugendzeit beruhen, ist es gut, sich bewusst zu machen, dass die Situation von damals nicht mehr besteht und das mündige Treffen von Entscheidungen der einzige Weg ist, um ans Steuerrad des eigenen Lebens zu gelangen. Und genau das teilen wir unserem Unterbewusstsein auf liebevollste Weise mit: „Stell dir vor … , ich treffe meine Entscheidungen jetzt selbst!“ oder: „Ich entscheide von nun an aus meiner eigenen Weisheit heraus …“ oder: „Ich nehme jetzt das Ruder in die eigene Hand.“

Und weil das durchaus neu für das Unterbewusstsein sein kann, ist es gut, diesen inneren Dialog noch zu konkretisieren. „Ja!“, nicken wir unserem Körper zu. „Ich übernehme jetzt …“, „Ich kümmere mich …“, „Ich kümmere mich darum, wie du behandelt wirst, welche Fürsorge und welchen Respekt zu erhältst …“, „Ich kümmere mich um unseren

Schutz und die Ausläufer unserer Vergangenheit. Du kannst dich auf mich verlassen.“ Und damit bringen wir uns in die „Pole-Position“ unseres Lebens zurück. In *BodyWareness*-Sitzungen mit Klienten sage ich auch gern: „Wir kehren ins Cockpit zurück und nehmen den Pilotensitz ein.“

Und das trifft auch zu, wenn wir therapeutische Maßnahmen in Anspruch nehmen. Aus meiner Sicht ist es gut, wenn sich jede Therapie oder Fremdintervention dem Ziel unterordnet, eine Handreichung zur Selbsthilfe zu sein und Klienten und Patienten so schnell wie möglich auf eigene Füße zu stellen. Sobald sich ein Mensch mit seinem Eigengefühl wieder verbunden hat, ist das der Moment, an dem er selbstgeführt weitergehen kann. Das heißt, dass eine Therapie nur so lange als Therapie verstanden und bezeichnet werden sollte, bis der Betreffende handlungsfähig ist. Was danach folgt, kann unter dem Schirm der wohltuenden Selbsterfahrung laufen, die dazu dient, neue, natürlichere und gesündere Erfahrungen zu machen und diejenigen Potenziale zu entdecken, die durch die Aktivierung der Schutzreflexe möglicherweise verloren gegangen oder unentdeckt geblieben sind.

Prioritäten setzen

Einmal ins Cockpit unseres Lebens zurückgekehrt, steht nun außerdem an, die richtigen Prioritäten zu setzen. Und da kann es mitunter auch holprig werden. Nehmen wir einmal den ganz normalen Alltagsstress herbei, weil es uns dieser sofort deutlich macht.

Wenn ich hier vom Setzen der richtigen Prioritäten schreibe, heißt das im Falle von Stress, klarzulegen, welche

Stressamplituden wir tolerieren, inwiefern wir uns Hast und Druck ganz freiwillig aussetzen oder ob wir dem Erfolg hinterherjagen und dadurch mit einem ewig alarmierten Nervensystem und wachen Stressreflexen durchs Leben laufen. Es ist ja nicht nur der äußere Stress an sich, der uns unter Druck setzt, sondern unsere eigene Wahl, die wir in Sachen Karriere, Lebensplanung oder Prioritätenliste treffen. Stress zu haben ist ja zu einem Statussymbol geworden. Erst wenn wir uns über die Stirn wischen und damit zeigen, wie wichtig, busy und unersetzbar wir sind, haben viele von uns das Gefühl, Anerkennung zu verdienen.

Doch wie es auch immer ist: Wenn wir selbst nicht die Aufgabe übernehmen, den eigenen Stresslevel zu definieren, machen das andere für uns. Und das mag sich mit unserer Intention, die Schutzreflexe zu revidieren, nicht vertragen. Also nehmen wir die nötigen Anpassungen doch am besten selbst vor und entscheiden uns für eine Lebensweise, die es ermöglicht, Aktivität und Ruhe, Belastung und Erholung ganz leicht, ja mit Leichtigkeit auszubalancieren.

Die vollständige Erholung vom Stress

Und wir können diese Überlegungen zum Thema Stress sogar noch praktikabler machen. Auf unserer Prioritätenliste könnte ja auch ganz oben stehen, dass wir nach unvermeidbaren, besonders herausfordernden Situationen wirklich penibel für uns selbst sorgen und unser Nervensystem bewusst unterstützen. Das hieße beispielsweise, dass wir dem Körper beim Abbau angestauter Spannungen oder Emotionen helfen und abwarten, bis sich diese wieder gelegt haben und wir neu durchstarten können.

Doch das unterscheidet sich von dem, wie die meisten Menschen mit Stresssituationen im Nachhinein verfahren. Ist die Überlastungssituation vorüber, erhält der Körper kaum Zeit, dass er sich vollständig – ja genau: vollständig – erholen kann. Stattdessen können die Stressreaktionen entweder gar nicht oder nur zu einem gewissen Prozentsatz abklingen, sodass das Nervensystem nie die Chance erhält, zu seiner Balance, also zu einem „Nullzustand" zurückzukehren. Der innere Bodyguard empfängt so fortlaufend die Information, dass seine Schutzmaßnahmen weiter nötig sind.

Und da hilft nur ein „Stopp!". Wenn wir die Schutzreflexe und deren Folgen wirklich ehrlichen Herzens zurückfahren wollen, steht in solchen Situationen eine Revision der Gewohnheiten an. Erinnern wir uns wieder an den *Primären Selbstschutzfaktor.* Unser Nervensystem braucht von uns die bewusste Botschaft, dass die Gefahr wirklich vorüber ist. Das heißt, dass wir das vollständige Ausbalancieren von Grenz- oder Extremsituationen ganz oben auf die Prioritätenliste setzen – und es dann auch wirklich tun.

Der Realität ins Auge schauen

Doch wer macht das schon? Wer beobachtet denn schon seinen Körper, um zu erkennen, was er nach einem stressigen Arbeitstag braucht, um die Stressreaktionen wieder herunterzufahren? Wer ist sich schon darüber im Klaren, wie viel Zeit der Organismus benötigt, bis er wirklich wieder einsatzbereit ist? Und gesetzt den Fall, wir würden all das erfassen, was ja grundsätzlich möglich ist: Sind wir dann tatsächlich bereit, dem Körper die dafür notwendige Zeit und Pflege einzuräumen?

Ich erinnere mich in diesem Zusammenhang an Sophie, eine Klientin mit einem Leben im Dauerstress und messerstichartigen Kopfschmerzen, die sich durch diese Fragen wie wachgerüttelt fühlte. Sophie erkannte, dass sie, wenn sie nach stressvollen Phasen ihrem Körper wirklich lauschte, zum vollständigen Ausbalancieren seiner Schieflage etwa sieben Tage, mitunter sogar bis zu drei Wochen brauchte und deshalb zu einem „Point zero" niemals zurückfand. Sie bemerkte, dass ihr Körper eine bestimmte innere Grundspannung nie ablegte, weil sie ihn kräftemäßig unentwegt ausbeutete und sich deshalb in einem konstanten Energiemangelzustand befand. Als sie sich das zum ersten Mal eingestand, war sie geschockt und verstand nun auch, woher ihre Kopfschmerzen rührten.
Diese Erkenntnis war so stark für Sophie, dass sie sich einem Experiment stellte: Im Rahmen eines *Body-Wareness*-Regenerationsprogramms machte sie es sich über ein Vierteljahr zur Priorität, die Belastbarkeitsgrenze ihres Körpers genau zu erspüren und diese, wenn möglich, zu respektieren. Und wenn Letzteres nicht umsetzbar war, kümmerte sie sich im Nachhinein um die vollständige Regeneration ihres Körpers. Das hieß, ihm besonders nach Feierabend und an freien Tagen eine Extraportion Zuwendung zu geben und diese so lange beizubehalten, bis sie wieder ein Gefühl der Ausgewogenheit in sich spürte. Und dabei staunte Sophie, wie akkurat der innere Bodyguard die Erholung überwachte. Tatsächlich gab er erst dann den Weg frei, wenn diese auch wirklich abgeschlossen war. Sophies Akkuratesse, mit der sie sich beobachtete und sich um

> ihren Körper kümmerte, war wirklich eindrucksvoll. Schließlich konnte sie die Früchte ihres Pioniergeistes ernten. Nicht nur, dass ihr Leben eine ganz andere Qualität annahm und sie sich auch wieder der Liebe öffnete; auch ihre Kopfschmerzen begannen immer größere Pausen einzulegen und nach über 20 Jahren wegzubleiben. Sophie ist gewissermaßen ein Lehrbuchbeispiel dafür, was mit den richtig gesetzten Prioritäten möglich ist.

Wenn ich die Thematik der Prioritätenwahl mit meinen Klienten bespreche, entstehen oft Diskussionen darüber, welchen Realitätsgehalt das im wirklichen Leben hat. Es mag für die meisten Menschen vor dem Hintergrund ihrer Arbeit und eingespurter Lebensroutinen zunächst utopisch und kaum umsetzbar klingen. Aber das heißt nicht, dass es nicht möglich ist. Allein das Verständnis von solchen Zusammenhängen und ihrem Wahrnehmen kann, wie Sophies Beispiel zeigt, sehr viel Positives bewirken. Und darum geht es: Statt sich als Opfer von äußeren Umständen zu sehen, finden wir heraus, ob der eigens gewählte Lebensstil wirklich unserem Gesundsein dient. Tut er es – großartig! Weiter so! Tut er es nicht, suchen wir nach besseren Alternativen. Genau das meine ich, wenn ich vom Setzen der richtigen Prioritäten im Rahmen des *Selbstschutz-TÜVs* spreche. Schließlich entwerfen wir unser Lebensdesign ja selbst.

In Wachheit entscheiden

Und bei allem brauchen wir unsere gesteigerte Aufmerksamkeit und das Setzen von Prioritäten, wenn wir an den

Wegkreuzungen des Lebens stehen, also dann, wenn wir Entscheidungen treffen, die Konsequenzen haben. Dann heißt es, die Wachheit auf einen Höchstgrad zu schrauben, auch deshalb, um den Verstand nicht zum Entscheidungsträger zu machen.

Das hebe ich hervor, weil die meisten Menschen Entscheidungen genau aus diesem heraus treffen, obwohl Themen, die unsere Heilungsprozesse, unsere Gesundheit, unsere Gefühlswelt und vor allem unsere Selbstschutzsituation betreffen, gar nichts mit dem Verstand zu tun haben. Lösungen und Optionen in diesen Bereichen müssen sich einfach nur rundherum richtig anfühlen, ja, aus unserer Innenwelt kommen und unser volles inneres Ja finden.

Und solche Momente kennen wir alle: Obwohl wir uns mit einer Entscheidung wohlfühlen, mischt sich plötzlich der Verstand ein und beginnt an ihr zu nagen. Und genau da heißt es: „Halt! Da stimmt was nicht." Das gute Gefühl war schon das richtige. Also manifestieren wir die Entscheidung, bevor der Verstand sie sich einheimsen kann.

Und andersherum: Wir haben eine rationale Entscheidung getroffen, aber das Bauchgefühl spielt einfach nicht mit. Offenbar sind wir dabei, einen Fehler zu machen, in eine unklare Situation reinzurutschen oder uns auf etwas Unausgegorenes einzulassen, das uns gefährden kann. Hier intervenieren wir auf beherzte Weise: „Stopp!" Wir setzen unsere Prioritäten und klären, wie die Entscheidung entsprechend unseres persönlichen Selbstschutzbedarfs ausfallen muss.

Aha-Momente belohnen

Und noch etwas ist mir hier wichtig: Bei allem, was ich hier anregе und vorschlage, besteht kein Druck, perfekt zu sein! Wie sage ich gern zu meinen Klienten und Trainees: Wenn wir Bewusstheit ins Spiel bringen, ist es am wichtigsten, sich für jedes Aufmerksamwerden auf die Schulter zu klopfen, ja, sich selbst zu gratulieren! Schließlich ist es uns mit jedem „Erkennen, dass …“ aufgrund unserer erhöhten Wachheit gelungen, etwas zu bemerken, das uns früher entgangen und durch das Raster unserer Aufmerksamkeit gefallen wäre. Bravo! Was für ein Fortschritt! Gratulation!

Und das betone ich an dieser Stelle, weil ich beobachtet habe, dass Menschen mit einer längeren Selbstschutzgeschichte in Heilprozessen oft sehr hart zu sich sind. Da sie unbewusst über viele Jahre gegen die Schutzreflexe und deren Folgen gekämpft und sich nie ganz mit sich im Einklang gefühlt haben, springt ihr Fokus leichter auf das Negative und das, was nicht stimmt. Statt anzuerkennen, dass sie etwas Wichtiges erkannt haben, fühlen sie sich schuldig, weil sie wieder nicht besser, passender oder gut genug gewesen sind. Und genau deshalb schenken wir uns die größte Anerkennung, wenn wir etwas Wertvolles und Veränderungsbedürftiges erfassen! Anerkennend klopfen wir uns auf die Schulter, nehmen uns selbst in den Arm oder nicken uns mit liebevollstem Blick zu!

Äußeren Selbstschutz aktuell halten

Wenn wir jetzt also immer sicherer darin werden, uns um unseren äußeren Selbstschutz zu kümmern, legen wir auch den Grundstein dafür, dass wir uns aus Nachlässigkeit oder aus der Gewohnheit heraus keine neuen Schutzreflexe einhandeln.

Denn: Es ist nun einmal ein Fakt, dass die Vorgänge in unserer Welt nicht immer auf gegenseitiger Anerkennung und Aufmerksamkeit beruhen. Eher im Gegenteil. Viele Menschen verletzen einander, sind grenzüberschreitend, verhalten sich unsensibel und führen ihre großen und kleinen Kriege, obwohl sie sich auch verständigen könnten. Und deshalb haben wir wach dafür zu sein, was um uns herum passiert und welchen energetischen Konstellationen wir uns aussetzen. Wir haben Situationen gut einzuschätzen, sie energetisch zu „lesen", ungute und brenzlige zu erahnen und ja, genauso aufmerksam und klug auf diese zu antworten.

Damit meine ich nicht, sich überängstlich zu benehmen oder im Sinne einer *„Self-fulfilling prophecy"*, wie man im Englischen sagt, überall Gefahren zu antizipieren. Doch durch unser Wachsein können wir ungute Situationen vermeiden, die unsere Sicherheit gefährden, und die Wahrscheinlichkeit minimieren, dass wir uns neue Schutzmechanismen an Land ziehen, weil das ja grundsätzlich nicht ausgeschlossen ist. So helfen wir dem inneren Bodyguard, damit er nicht unnötigerweise an- und einzuspringen braucht. Ich finde es wirklich wichtig, dies im Auge zu behalten. Da die uns umgebende Welt ja auch weiterhin Herausforderungen an uns herantragen wird, sollten wir unser Nervensystem nicht unnötigerweise provozieren. Auch wenn uns die inneren Bodyguarddienste weiterhin dabei helfen, solche anzunehmen und zu meistern, ist es dennoch gut, unterscheiden zu lernen, welche uns dienen und wir deshalb bejahen können, und welche unser Selbstschutzsystem in Alarm versetzen und überfordern.

Und wenn doch …

Für den Fall, dass uns dann doch etwas außergewöhnlich Stresshaftes, Überwältigendes und sogar Schockierendes passiert, befinden wir uns dennoch nicht mehr in derselben Situation wie früher. Das ist so, weil wir jetzt über ein anderes Verständnis verfügen und es sofort anwenden können. Da wir wissen, was für unser Nervensystem wichtig ist, teilen wir ihm von Beginn an mit, dass wir alles in unseren Kräften Stehende tun und in allen Phasen des Geschehens gut für uns sorgen. Dadurch mag eine Situation vielleicht nicht abwendbar oder weniger herausfordernd sein, aber wir können das Etablieren von Schutzreflexen im Zentralen Nervensystem positiv beeinflussen und uns die größtmögliche Selbstfürsorge schenken.

Und wenn ein Moment eintritt, in dem wir erkennen, dass unsere Eigeninitiative nicht ausgereicht hat oder nicht ausreicht, suchen wir uns umgehend Hilfe, die mit unserem neuen somatischen Verständnis harmoniert. So arbeiten wir Hand in Hand mit unserem Nervensystem und übernehmen die übergreifende Verantwortung für unseren Selbstschutz tatsächlich selbst.

Sich in der Selbst-Sicherheit behütet fühlen

Ein Schiff ist nicht für den Hafen gebaut

Wie wir gesehen haben, wirkt sich die Aktualisierung des persönlichen Sicherheitsstatus auf alle Lebensaspekte aus. Und da das Leben ja immer weitergeht, es uns täglich, stündlich, in jedem Moment neue Erfahrungen bringt, die unser Befinden verändern und die Situation in unserem Nervensystem beeinflussen können, wird das Kümmern um die eigene Selbstschutzsituation tatsächlich zu einem lebenslangen Akt.

Und gleichzeitig ist dies nur die Hälfte des Ganzen. Wenn wir gesund bleiben und das Leben genießen wollen, ist es genauso wichtig, dass wir uns neuen, vitalisierenden Erfahrungen öffnen, die unser Erlebensspektrum bereichern. Denn das Leben ist ja nicht zum bloßen Überleben oder dafür gedacht, dass wir uns gerade so über Wasser halten. Wie wir diesen Simultanakt meistern können, schauen wir uns jetzt etwas genauer an.

Wenn wir die Verantwortung für die Prioritäten in unserem Alltag und einen gesunden Lebensstil übernehmen, heißt das nämlich nicht, dass wir alle Vorgänge des Lebens kontrollieren oder uns von allen äußeren Einflüssen abschotten, die unser Nervensystem auf irgendeine Art und Weise stretchen könnten. Abgesehen davon, dass das gar nicht möglich ist, gibt es weder eine Notwendigkeit dafür, noch wäre es hilfreich für uns. Im Gegenteil. Unser Nervensystem braucht andersartige und ungewohnte Erfahrungen. Und das aus drei Gründen:

1. Neue, gesündere und authentische Erfahrungen haben die Kraft, alte, unnötig gewordene Schutzreflexe verblassen zu lassen, weil sie eingefahrene Automatismen im Nervensystem aufweichen.

2. Durch die Auseinandersetzung mit ungewohnten und überraschenden Situationen erhöhen wir die Anpassungsfähigkeit des Nervensystems und halten es agil und wach.

3. Erst indem wir uns dem Unbekannten gegenüber öffnen, machen wir Erfahrungen, durch die wir das Spektrum unserer Möglichkeiten und wirklichen Potenziale ausloten. Und diese Gewissheit bewirkt, dass wir uns aufgehoben und in uns gesichert fühlen.

Der häufig benutzte Satz „Ein Schiff ist nicht für den Hafen gebaut“ entkräftet die weit verbreitete Sehnsucht vieler Menschen nach einem problemfreien, stromlinienförmigen Leben, weil ein solches nicht nur eine Illusion, sondern somatisch auch gar nicht sinnvoll ist. Denn: Genauso wie ein Schiff nicht für den Hafen gebaut ist, sondern auf die hohe See hinausfahren und sich in den Stürmen und Wogen der Meere beweisen muss, hat die Natur das menschliche Nervensystem so angelegt, dass es benutzt wird und damit einsatzfähig und lebendig bleibt.

Und diese Analogie trifft auch auf das dadurch entstehende Sicherheitsgefühl zu: Genauso wie wir uns auf einem Hochseeschiff wohler fühlen, von dem wir wissen, dass es gut gekielt und robust, aber gleichzeitig auch beweglich und manövrierfähig ist und schon viele Fahrten auf hoher See bestanden hat, fühlen wir uns in einem Organismus wohler, der uns das Empfinden von Stabilität bei gleichzeitiger Anpassungsfähigkeit und Flexibilität fühlbar macht und uns beim Bewältigen von Erfahrungen geholfen hat.

Es geht also nicht darum, das Leben wasserdicht abzusichern, jeden Schritt zu kontrollieren oder uns aus Angst vor plötzlichen Veränderungen zu schonen, sondern es immer mehr mit ausgebreiteten Armen zu begrüßen. Und das können wir ja nun mit einer viel besseren inneren Ausstattung tun, weil wir über ein neues somatisches Verständnis verfügen und wissen, worauf es dabei besonders ankommt.

Bewegliche Gehirne

Auch hier war es der Wissenschaftler Dr. Moshe Feldenkrais, der diesem Verständnis bereits im letzten Jahrhundert eine Grundlage gab und die Vision von „beweglichen Gehirnen" in die Somatik hineintrug. Mit diesem Begriff bezog er sich darauf, dass solche beweglichen Gehirne die nervale Grundlage dafür bilden, um im äußeren Agieren handlungs- und entscheidungsfähig zu sein. Aber was können wir uns darunter konkret vorstellen?

Ein sogenanntes bewegliches Gehirn ist eins, das eine breite Vernetzung zwischen den Hirnzentren aufweist, das heißt, dass auf seinen „neuronalen Highways" ein reger Verkehr herrscht. Und je mehr die Hirnzentren miteinander verbunden sind und je reger sie in diesen Verbindungen benutzt werden, desto größer ist der Handlungsspielraum und die Freiheit unseres Organismus, auf verschiedenste Situationen im Außen zu antworten. Das leuchtet auch insofern ein, als dass ein solches gut vernetztes System dosierter, angemessener und entspannter auf äußere Umstände reagieren und die Herausforderungen des Lebens wesentlich besser abfedern kann als eins, das tunnelhaft und schmalspurig ist. Es muss nicht mehr reaktiv sein, sondern kann besonnener agieren und sich außerdem auch besser zur Ruhe begeben.

Erinnern wir uns an die belgischen Forscher, die sich mit dem Stillwerden des Gehirns, dem *Mind-Blanking,* befasst haben. Diese fanden heraus, dass verschiedene Hirnregionen in diesem Hirnaktivitätszustand synchroner, also mehr im Einklang miteinander arbeiten und bezeichneten diese Arbeitsweise als „Ultra-Konnektivität". Der Begriff deutet darauf hin, dass dem Geschehen ein gut vernetztes, hoch kommunikatives und gleichzeitig harmonisch arbeitendes Gehirn zugrunde liegt, dessen Areale in größter Synchronizität zusammenwirken.

Und all das setzt voraus, dass ein bewegliches Gehirn über eine hohe Dichte an Nervenzellsubstanz verfügt. Das liegt nahe, weil bei einer verdichteten grauen Masse auch eine größere Chance besteht, dass sich nervale Verbindungen knüpfen. Wenn das Hirn hingegen neuronal schwach besiedelt und die Hirnmasse ausgedünnt ist, bestehen auch geringere Möglichkeiten, dass sich diese miteinander verdrahten.

Die Neurowissenschaft ist hier in den letzten Jahren unglaublich aktiv gewesen und hat anhand neuer digitaler und bildgebender Verfahren untersucht, unter welchen Bedingungen sich die Nervenzellsubstanz erhöht und wann sie sich reduziert. Während sie sich beispielsweise durch bewusstseitsorientierte Aktivitäten und Meditation besonders rege vermehrt, minimieren Faktoren wie andauernder Stress, stete Anspannung, zu wenig Schlaf und ein zu regelmäßiger Alkohol- und Drogenkonsum unsere graue Masse immens.

Zwei sprühende Hemisphären

Und mehr noch: Ein bewegliches Gehirn verfügt über zwei lebhaft miteinander kommunizierende Hirnhälften. Das heißt, dass beide Hirnhälften adäquat benutzt werden, eng zusammenarbeiten und es einen regen Informationsaustausch zwischen ihnen gibt. Während die rechte Hirnhälfte für die rationalen, analytischen, logischen Prozesse zuständig ist, kümmert sich die linke um die kreativen, schöpferischen und intuitiven Qualitäten. Wenn der Verkehr auf der Brücke, die beide Hemisphären miteinander verbindet, ebenfalls in beiden Richtungen ein reger ist, können wir auf die Qualitäten beider Hirnhälften beliebig zurückgreifen, zwischen ihnen hin und her switchen und ihre Leistungen sogar miteinander verweben.

Und ja. Durch ein solches bewegliches Gehirn wird uns auch ein Empfinden von Sicherheit zugespielt. Selbst wenn uns das nicht bewusst wird, spüren wir, ob wir von einem engen, reaktiven und wenig belastbaren Nervensystem dirigiert werden und wir uns deshalb von bestimmten Erfahrungen fernhalten, oder ob wir über Spielräume und ein weites Handlungsspektrum verfügen, wodurch wir uns innerlich gut ausgestattet fühlen und uns deshalb aufs Leben einlassen. Wir wissen also instinktiv, ob wir uns auf die Abrufbarkeit sicherheitsbezogener Fähigkeiten verlassen können.

Gesunde Erneuerung

Gleichzeitig entspricht das Modell des beweglichen Gehirns auch der natürlichen Funktionsweise unseres Organismus, denn dieser ist ein Experte fürs Bewegen und Beweglichsein, ja, fürs Anpassen und Erneuern.

Schauen wir uns einfach nur die konstant aktivierte zelluläre Regeneration an. Indem alte Zellsubstanz konstant entsorgt, neue Zellsubstanz aufgebaut und unser Körper zwischen drei und sechs Monaten vollständig umgebaut wird, erneuert er sich fortlaufend selbst. Das heißt, dass genau derselbe Körper, den wir in diesem Moment haben, in einem halben Jahr nicht mehr existiert und nur so das Funktionieren unseres Organismus aufrechterhalten wird.

Dem selben Ziel unterliegt die hausinterne Müllabfuhr unseres Körpers. Diese erfolgt zum einen durch das Lymphsystem, dessen Bahnen unseren Körper durchziehen, und zum anderen durch die Gliazellen des sogenannten „glymphatischen Systems" im Gehirn. Letzteres geht auf die Entdeckung der dänischen Neurowissenschaftlerin, der Universitätsprofessorin Maiken Nedergaard zurück, die erforschte, wie dieses glymphatische System im Schlaf den anfallenden Gehirnmüll entsorgt und so konstant Verjüngungsmaßnahmen an unserer Nervenzellsubstanz vornimmt. Damit erhält es unsere grauen Zellen funktionstüchtig, agil und jung. Und das heißt nichts anderes, als dass die Vitalität unseres Organismus auf einer konstanten Entsorgung unbrauchbar gewordener Substanz und steter Erneuerung basiert.

Nur der Mensch selbst schwimmt hier gegen den Strom, oder genauer: unser geschulter Verstand. Dieser meint, durch Kontrolle, Sicherheitsdenken, Routinen und Fürimmer-Entscheidungen besser auf das Leben vorbereitet zu sein. Und weil die meisten Menschen lieber ihrem Verstand statt ihrer inneren Natur folgen, setzen sie ihre Lebensenergie vorrangig für die Aufrechterhaltung des Gewohnten und Eingespurten und das Festklammern an Verbrauchtem ein. Und das ist nicht nur die Hauptbarriere dafür, dass ein

Gehirn beweglich bleibt, sondern auch, dass sich ein echtes, auf einer ausgewogenen Neurophysiologie basierendes Sicherheitsgefühl einstellen kann.

Wenn wir uns in unserem Leben also wirklich gut aufgehoben fühlen wollen und es mit unserem äußeren Selbstschutz ernst meinen, geht das nicht anders, als neue, andersartige Erfahrungen zu machen, lernend zu bleiben und sich immer wieder dem veränderungsfreudigen Gang des Lebens zu öffnen. Es heißt, über den Tellerrand hinauszuschauen, Routinen zum Stolpern zu bringen, den Alltagstrott zu kitzeln sowie Bewegung, Farbigkeit, Aha-Momente, Unvorbereitetes, Spontanes und Überraschendes ins Leben zu lassen. Erst durch eine große erlebnisbezogene Spielbreite haben wir das Gefühl, dass das Leben auf uns zukommen darf. Das darf es, weil wir erfahren darin sind, es zu meistern.

Wie ein Samenkorn leben

Kürzlich ist mir beim Lesen einer fernöstlichen Zengeschichte, in der es um das Leben eines Samenkorns ging, diesbezüglich ein Licht aufgegangen. Mir wurde klar, dass es aus gehirntechnischer Sicht für uns Menschen am besten wäre, wie ein Same zu leben.

Wenn ein Samenkorn in den Boden gelangt, hat es keine Ahnung davon, dass es einmal aufgehen, seine beschützende Schale verlieren und zu einer ausgewachsenen Pflanze heranwachsen wird. Indem es sich einzig seinem Drang nach Wachstum und Expansion hingibt, sprengt es irgendwann seine beschützende Hülle und tauscht sein sicheres Eingebettetsein in die Erde gegen den Durchbruch ans Licht ein. Nach dem Durchbohren der Erdoberfläche empfängt den

Keimling ein Leben, von dem er nicht einmal weiß, ob er dafür überhaupt ausgestattet ist, doch das Risiko ist es ihm wert. Instinktiv trägt er in sich, dass er sich dem Ungewissen aussetzen und sich herauswagen muss, wenn er dem Himmel entgegenstreben will. Genau das ist, was Millionen Samen seit Millionen Jahren tun.

Die Geschichte des Samens zeigt, wie natürliche Wachstumsprozesse eingerichtet sind und funktionieren. Sie haben mich außerdem daran erinnert, dass das Zurückfahren der Schutzreflexe auf ähnliche Weise verläuft. Dies geschieht gewissermaßen in drei Etappen, die allesamt jedes Mal wie eine Reise ins Unbekannte sind.

1. Die Erkenntnisetappe: Genauso wie der Same zunächst in seiner Schale ruht und seine Kräfte bis zum Sprengen der Schale bündelt, ist es für uns, wenn wir uns ans Auflösen wacher Schutzmechanismen machen: Zu Beginn brauchen wir noch die beschützende Hülle, ja, einen begrenzten Aktionsradius, innerhalb dessen wir uns auf unseren Neustart vorbereiten. Doch irgendwann ist unser Drang nach Veränderung so stark, dass wir gar nicht anders können, als unserem Veränderungsbedarf zu folgen.

2. Die Aufweichetappe: Während unser Verständnis über die Wirkung der Schutzreflexe wächst, erforschen wir immer mehr Möglichkeiten, die uns bei deren Revision helfen. Indem wir dem *Primären Selbstschutzfaktor* folgen, die *drei ersten Selbstschutzschritte* setzen und das starke Trio der *somatischen Lichtblickmittel* anwenden, stellen wir

Gewohntes infrage und lockern Bekanntes auf. Und diese Phase gleicht derjenigen, in der sich der Same von seiner Schale befreit und zum Keimling wird. Wie viel kann ich wagen? Wie weit kann ich gehen? Um wie viel darf ich wachsen? Und so verhält es sich auch mit dem Nervensystem: Allmählich legt es seine Vorsicht ab. Wir sind immer mehr zu neuen Erfahrungen bereit.

3. Die Stretchetappe: Sobald wir bemerken, dass unser Mut, vorwärtszugehen, belohnt wird, testen wir unsere Spielbreite immer mehr aus. Wir beginnen uns auf Unbekanntes einzulassen, mehr zu wagen und sind zu Versuch- und Irrtum-Erfahrungen bereit. Genauso macht es der erwachsen gewordene Keimling, der sich, inzwischen zum Baum geworden, dem Wetter aussetzt. Während der Wind durch seine Äste fährt, Hagel seine Blätter zerzaust und Schnee seine Krone bedeckt, nimmt cr das nicht nur hin, sondern findet er sogar Gefallen daran. Und so ist es auch bei uns Menschen: Wenn wir uns dem Leben anvertrauen, wohl wissend, dass uns bunte Erfahrungen zu noch mehr Vitalität verhelfen, liegt darin sogar eine Befriedigung, eine subtile Süße, ja, ein gewisser Genuss.

Eine elastische Lebensweise entwickeln

Wenn wir also unserem Verlangen nach einem erfüllenderen Leben und mehr Gesundheit Raum geben und unsere Wachheit sowie unsere Instinkte wachhalten wollen, erübrigt sich der Gedanke, das Leben kontrollieren zu wollen, ganz von selbst. Wir ordnen uns einfach den übergreifenden

Gesetzen des Lebens unter und gehen mit ihnen auf elastische Weise mit.

Das erinnert mich an die letzten Zeilen eines Gedichts des Malers Pablo Picasso, der einst schrieb: „Dieses Offensein für jede neue Erkenntnis im Außen und Innen: Das ist das Wesen des modernen Menschen, der in aller Angst des Loslassens doch die Gnade des Gehaltenseins im Offenwerden neuer Möglichkeiten erfährt."

Und das spricht mir aus der Seele. Tatsächlich dürfen wir unsere engen Sicherheitsbedürfnisse und die Illusion von einem problemfreien Leben ad acta legen. Anstatt uns in Watte zu packen, setzen wir uns den Winden und Wogen, den Höhen und Tiefen, der Vitalität und der Stille des Lebens aus. Und je besser wir uns mit all seinen Koordinaten auskennen, desto manövrierfähiger und „selbst-sicherer" fühlen wir uns. Von tief innen erreicht uns ein Flüstern, dass wir in dieser ungesicherten Selbst-Sicherheit gut aufgehoben sind und das Gefühl eines echten Behütetseins in uns aufkeimen darf.

Und dann kann das Leben kommen. Wenn es uns durchpustet, stehen wir wie ein Leuchtturm in unserem eigenen Licht. Und in diesem strahlen wir als der Mensch, der jeder von uns ist.

Von Herzen, Katrin Jonas

Literaturverzeichnis

. *Jonas, Katrin: Der Weg des Wassers. Frauen meditieren anders. Innenwelt, 2018.*

. *Jonas, Katrin: Körpergeflüster. Der persönlichen Lebensmelodie folgen. Innenwelt, 2021.*

. *Jonas, Katrin: Meditation heilt. Schmerzfrei in ein neues Leben. Verlag Via Nova, 2017.*

. *Jonas, Katrin: Schmerzfrei ohne Medikamente, Verlag Via Nova, 2017.*

. *Hanna, Thomas: Somatics. New York: Addison-Welsey, 1990.*

. *Hanson, Rick: Hardwiring Happiness: The New Brain Science of contentment, calming and confidence. Rider, London, 2013.*

. *Feldenkrais, Moshe: Bewusstheit durch Bewegung. Suhrkamp, 1987.*

. *Know, Diana: "Your brain could be controlling how sick you get – and how you recover". In: Nature 614, 613-615 (2023), doi: https://doi.org/10.1038/d41586-023-00509-z*

. *Levine, Peter: Trauma und Gedächtnis. Die Spuren unserer Erinnerung in Körper und Gehirn. Kösel, 2016.*

. *Maté, Gabor: The Myth of Normal: Trauma, Illness & Healing in a Toxic Culture. Avery, 2022.*

. *Mortaheb, S., Van Calster, L., Raimondo, F., Klados, M. A., Boulakis, P. A., Georgoula, K., Majerus, S., Van De Ville, D., & Demertzi, A. (2022). Mind blanking is a distinct mental state linked to a recurrent brain profile of globally positive connectivity during ongoing mentation. Proceedings of the National Academy of Sciences, 119(41), e2200511119. https://doi.org/10.1073/pnas.2200511119*

. *Osho: Body-Mind Balancing. Schließe Freundschaft mit deinem Körper, mit Zugang zum Audioprozess, Innenwelt, 2022.*

. *Van der Kolk, Bessel: The Body Keeps the Score: Mind, Brain and Body in the Transformation of Trauma. Penguin Books, 2015.*

Über Katrin Jonas

International tätige BodyWareness Trainerin, Feldenkraislehrerin, Hypnosetherapeutin, Meditationsmentorin und Autorin. BodyWareness Coaching und Trainings live & online.

Mehr über ihre Arbeit: www.katrin-jonas.com

Katrin Jonas
DER WEG DES WASSERS
Frauen meditieren anders
264 Seiten | Klappenbroschur
ISBN 978-3-942502-93-1

Katrin Jonas
KÖRPERGEFLÜSTER
Der persönlichen Lebensmelodie folgen
208 Seiten | Broschur
ISBN 978-3-947508-53-2

Katrin Jonas
NACKT.
Das Körper-Versöhnbuch für Frauen
280 Seiten | Broschur
ISBN 978-3-947508-39-6